Manipulation und Selbsttäuschung

Rainer Sachse

Manipulation und Selbsttäuschung

Wie gestalte ich mir die Welt so, dass sie mir gefällt: Manipulationen nutzen und abwenden

Mit 5 Abbildungen

Rainer Sachse
Institut f. Psychologische Psychotherapie
Bochum

ISBN 978-3-642-54822-2   ISBN 978-3-642-54823-9 (eBook)
DOI 10.1007/978-3-642-54823-9

Die Deutsche Nationalbibliothek verzeichnet diese Publikation in der Deutschen Nationalbibliografie; detaillierte bibliografische Daten sind im Internet über http://dnb.d-nb.de abrufbar.

SpringerMedizin
© Springer-Verlag Berlin Heidelberg 2014
Dieses Werk ist urheberrechtlich geschützt. Die dadurch begründeten Rechte, insbesondere die der Übersetzung, des Nachdrucks, des Vortrags, der Entnahme von Abbildungen und Tabellen, der Funksendung, der Mikroverfilmung oder der Vervielfältigung auf anderen Wegen und der Speicherung in Datenverarbeitungsanlagen, bleiben, auch bei nur auszugsweiser Verwertung, vorbehalten. Eine Vervielfältigung dieses Werkes oder von Teilen dieses Werkes ist auch im Einzelfall nur in den Grenzen der gesetzlichen Bestimmungen des Urheberrechtsgesetzes der Bundesrepublik Deutschland vom 9. September 1965 in der jeweils geltenden Fassung zulässig. Sie ist grundsätzlich vergütungspflichtig. Zuwiderhandlungen unterliegen den Strafbestimmungen des Urheberrechtsgesetzes.

Produkthaftung: Für Angaben über Dosierungsanweisungen und Applikationsformen kann vom Verlag keine Gewähr übernommen werden. Derartige Angaben müssen vom jeweiligen Anwender im Einzelfall anhand anderer Literaturstellen auf ihre Richtigkeit überprüft werden.

Die Wiedergabe von Gebrauchsnamen, Warenbezeichnungen usw. in diesem Werk berechtigt auch ohne besondere Kennzeichnung nicht zu der Annahme, dass solche Namen im Sinne der Warenzeichen- und Markenschutzgesetzgebung als frei zu betrachten wären und daher von jedermann benutzt werden dürfen.

Planung: Monika Radecki, Heidelberg
Projektmanagement: Sigrid Janke, Heidelberg
Lektorat: Gisa Windhüfel, Freiburg
Projektkoordination: Heidemarie Wolter, Heidelberg
Umschlaggestaltung: deblik, Berlin
Fotonachweis Umschlag: © mashe/fotolia.com
Herstellung: Crest Premedia Solutions (P) Ltd., Pune, India

Gedruckt auf säurefreiem und chlorfrei gebleichtem Papier

Springer Medizin ist Teil der Fachverlagsgruppe Springer Science+Business Media
www.springer.com

Meinem Enkel Moritz gewidmet

Vorwort

»Manipulation« bedeutet, dass ich versuche, eine andere Person dazu zu veranlassen, etwas zu tun, was sie selbst gar nicht möchte, und zwar so, dass sie es nicht (oder kaum) merkt; das zu tun, ist nichts »Ehrenrühriges«, denn wir alle tun das.

Tun Interaktionspartner das aber in hohem Maße, dann können wir uns ausgenutzt fühlen – und dann ist es wichtig, Manipulationen zu bemerken und sich davor zu schützen.

Dieses Buch soll Leser in die Lage versetzen, Manipulationen zu erkennen und sich dagegen zu wappnen, und zwar auf eine Weise, die Beziehungen nicht belastet.

Menschen manipulieren aber nicht nur andere, sondern auch sich selbst – auch hier ist es hilfreich, Selbsttäuschungen zu erkennen und sie zu korrigieren – falls sie ungünstig sind: Auch hierzu soll das Buch einen Beitrag leisten.

Mit dem Buch möchte ich aber nicht »belehren«, sondern unterhaltsam auf wesentliche Aspekte aufmerksam machen und ein Verständnis für sich selbst und andere fördern. Ich hoffe, dass mir das gelingt und ich den Leser zum Schmunzeln bringen kann.

Rainer Sachse
Bochum, im August 2014

Inhaltsverzeichnis

1	**Manipulation und Selbsttäuschung oder: Wie gestaltet man die Welt so, dass sie einem gefällt?**	1
2	**Was ist Manipulation?**	7
2.1	Transparentes und intransparentes Handeln	8
2.2	»Falsche« Absichten	10
2.3	Manipulation	12
3	**Manipulationen: Bewertung, Gründe, Kosten**	15
3.1	Vorsicht mit Bewertungen	16
3.2	Warum man manipuliert	17
3.3	Gewinne und Kosten manipulativen Handelns	19
4	**Die Realisation von Manipulationen**	23
4.1	Images und Appelle	24
4.1.1	Was sind Images und Appelle?	24
4.1.2	Images	24
4.1.3	Appelle	26
4.1.4	Zusammenhang von Images und Appellen	27
4.2	Die Realisation von Images und Appellen	28
4.3	Kompetenzen	31
4.4	Kapazitäten	32
4.5	Manipulative Strategien	32
5	**Interaktionsspiele**	37
5.1	Der Begriff »Spiel«	38
5.2	Attraktivitätsspiele	39
5.2.1	Das Spiel »Mords-Molly«	39
5.2.2	Das Spiel »Attraktivität«	40
5.2.3	Das Spiel »Sexy sein«	41
5.2.4	Das Spiel »Unterhaltsam sein«	42
5.3	Arme-Schweine-Spiele	43
5.3.1	Das Spiel »Armes Schwein«	43
5.3.2	Das Spiel »Heroisches armes Schwein«	46
5.4	Opfer-Spiele	46
5.4.1	Das Spiel »Opfer der Umstände oder anderer Personen«	47
5.4.2	Sabotage-Strategien	50
5.4.3	Das Spiel »Märtyrer«	51
5.4.4	Das Spiel »Immer ich«	51
5.4.5	Mobbing	53
5.5	Regel-Setzer-Spiele	54
5.5.1	Das Spiel »Regel-Setzer«	54

5.5.2	Das Spiel »Moses«	57
5.5.3	Das Spiel »Dornröschen«	59
5.5.4	Das Spiel »Distanz halten«	60
5.6	**Blöd-Spiele**	61
5.6.1	Das Blöd-Spiel	61
5.6.2	Das Spiel »Entscheidungen abgeben«	63
6	**Manipulation und Manipulierbarkeit**	65
7	**Wie kann man sich gegen Manipulationen schützen?**	69
7.1	Das Problem	70
7.2	Das Erkennen von Manipulationen	70
7.3	Die Analyse von Manipulationen	72
7.3.1	Die Aufgabe	72
7.3.2	Die Analyse von Images und Appellen	72
8	**Wie kann man gegen Manipulationen vorgehen?**	77
8.1	Die Vermeidung von Manipulationen	78
8.2	Die Aufdeckung von Manipulationen	78
8.3	Die Entwicklung von Gegenstrategien	80
9	**Selbsttäuschung**	85
9.1	Was ist Selbsttäuschung?	86
9.2	Wozu dient Selbsttäuschung?	87
9.3	Vorsicht mit Bewertungen!	90
9.4	Selbsttäuschung – ein motivationales Phänomen	90
9.5	Die Stärke der Überzeugung	92
9.6	Die Stärke des Glaubens	92
9.6.1	Zweifel – die Kollision mit dem Realitätssystem	92
9.6.2	Ausmaß der Realitätsverzerrung	93
9.6.3	Ausmaß des Zweifels	94
9.6.4	Die resultierende Überzeugung	95
10	**Die Elaboration von Selbst-Images**	97
11	**Kosten der Selbsttäuschung**	101
11.1	Kosten in der Realität	102
11.2	Interne Kosten der Selbsttäuschung	104
12	**Image und Selbst-Image: Täuschung und Selbsttäuschung**	105
	Literatur	109
	Stichwortverzeichnis	113

Der Autor

Prof. Dr. Rainer Sachse
ist Psychologischer Psychotherapeut, Begründer der »Klärungsorientierten Psychotherapie« und Leiter des Instituts für Psychologische Psychotherapie (IPP) in Bochum; seine Arbeitsschwerpunkte sind Persönlichkeitsstile und Persönlichkeitsstörungen. Er hat zahlreiche Bücher über Psychotherapie und Persönlichkeitsstörungen verfasst, darunter einige satirische Ratgeber, wie man seine Beziehung, seine Karriere und sein Leben ruiniert; Rainer Sachse macht komplexe psychologische Sachverhalte allgemein verständlich und stellt sie humorvoll und einfühlsam dar.

Manipulation und Selbsttäuschung oder: Wie gestaltet man die Welt so, dass sie einem gefällt?

Täuschung

Täuschung und Selbsttäuschung, das hat Trivers (2013) sehr anschaulich gezeigt, sind weit verbreitete Phänomene: Im Tierreich kommen Täuschungen häufig vor, und auch Menschen wenden eine Vielzahl von Täuschungsmanövern an. »Täuschungen« dienen dazu, *anderen* etwas glauben zu machen, das nicht stimmt; Täuschungen sind »Vorspiegelungen falscher Tatsachen« nach außen.

Aber Menschen täuschen nicht nur andere, sie täuschen in einem sehr hohen Maße auch sich selbst: Sie machen sich selbst etwas vor, z. B., dass sie erfolgreicher seien, als sie es tatsächlich sind; dass sie kompetenter seien, als ihre Zeugnisse es ausweisen; dass sie attraktiver seien, als andere sie tatsächlich einschätzen etc.

Sich selbst besser verstehen

In diesem Buch möchte ich näher auf Täuschungen eingehen; ich möchte die psychologischen Gründe für solche Manöver analysieren und die psychologischen *Strategien* beleuchten, die Menschen zur Täuschung und Selbsttäuschung anwenden. Mein Ziel: Der Leser sollte nach der Lektüre in der Lage sein, solche Strategien bei anderen und bei sich selbst besser zu erkennen und zu verstehen. Und dies wiederum dient dazu, solche Strategien schneller zu erkennen und besser damit umzugehen.

Zunächst möchte ich aber die grundlegenden Begriffe klären: Ich möchte als Einleitung in die Materie erläutern, worum es bei »Täuschung«, »Manipulation« und »Selbsttäuschung« psychologisch geht.

Was ist Täuschung?

Zunächst einmal bedeutet »Täuschung«, *etwas zu behaupten oder zu glauben, was nicht durch »Fakten« gestützt wird oder was »der Realität« widerspricht*: Man behauptet z. B. von sich (oder glaubt von sich), kompetent, intelligent, klug etc. zu sein; aber die Schlussfolgerungen, die man aus Zeugnissen, Testergebnissen, Erfolgen usw. ziehen kann und muss, sprechen nicht für eine solche Annahme – oder sie sprechen sogar klar dagegen.

Bild und Realität entsprechen sich nicht

»*Täuschung« bedeutet also immer, ein »Bild« aufzumachen, das nicht der »Realität« entspricht*: Man zeichnet von sich selbst ein Bild einer kompetenten Person, aber dieses Bild wird von den verfügbaren Fakten nicht gestützt – oder es widerspricht diesen Fakten sogar.

Was ist Realität?

Es kann bei Täuschungen allerdings manchmal schwierig sein, diese ganz klar zu erkennen oder klar nachzuweisen: Das liegt daran, dass es schwierig ist, exakt zu erkennen, was genau »die Realität« ist und was genau »Fakten« sind. Aber auch dann, wenn man letztlich nicht absolut genau weiß, was Realität ist, hat man meist doch ein relativ genaues Modell von der Realität: Man hat Fakten, die man für zutreffend hält, und man kann oft eine Art von »Indizienbeweis« führen, der recht schlüssig ist.

> **Modell über die Realität**
> Erkenntnistheoretisch ist es praktisch letztlich nicht möglich, exakt zu definieren, was »Realität« genau ist; dennoch muss jeder von uns im Alltag ein »Modell über die Realität« entwickeln und aufgrund dieses Modells handeln; und hier sieht man, dass einige Personen »gute Modelle« entwickeln, aufgrund derer sie effektiv handeln, und andere Personen schlechte Modelle, die zu ungünstigen Resultaten führen (Vollmer 1975, 1993, 2003).

Im Allgemeinen muss man sich im Alltag mit solchen »Indizienbeweisen« begnügen – und daraus belegbare Schlussfolgerungen ziehen: Und solche Schlussfolgerungen kann man dann mit den »Bildern«, die Personen von sich zeichnen, vergleichen, um festzustellen, ob es sich um Täuschung handelt oder nicht.

Täuschung, so wird deutlich, bedeutet immer, dass eine Person ein »Bild« von sich aufmacht, von dem sie möchte, dass eine andere Person – wir nennen sie »Interaktionspartner« (IP) – es *glaubt*: Sie bemüht sich daher, dieses Bild glaubhaft zu machen, sodass der IP es übernimmt und es möglichst nicht anzweifelt. Dieses »Bild nach außen« möchte ich (dem psychologischen Sprachgebrauch folgend) als *Image* bezeichnen. Dabei muss deutlich sein, dass Personen nicht nur ein Image von sich aufmachen, sondern viele Images: das »Image des erfolgreichen Geschäftsmannes«, das »Image des guten Liebhabers«, das »Image des Gentleman«, das »Image des weltgewandten Vielwissers« etc.

Image

> **Image**
> Der Begriff *Image* ist in der »Impression-Management-Theorie« gebräuchlich (Tedeschi et al. 1985; Mummendey 1995, 2000).

Diese Art der Täuschung ist aber nicht die ganze Story: Man will nicht nur Images vermitteln, in der Regel will man weit mehr als das! Man will nicht nur, dass der Interaktionspartner etwas glaubt, *man will, dass er etwas tut!* Man will z. B. bewundert werden, gelobt werden, bestätigt werden, Anerkennung erhalten.

Manipulatoren wollen mehr

Also senden Personen nicht nur Images – sie senden auch *Appelle*: Ein Appell ist eine mehr oder weniger indirekte Aufforde-

Appelle

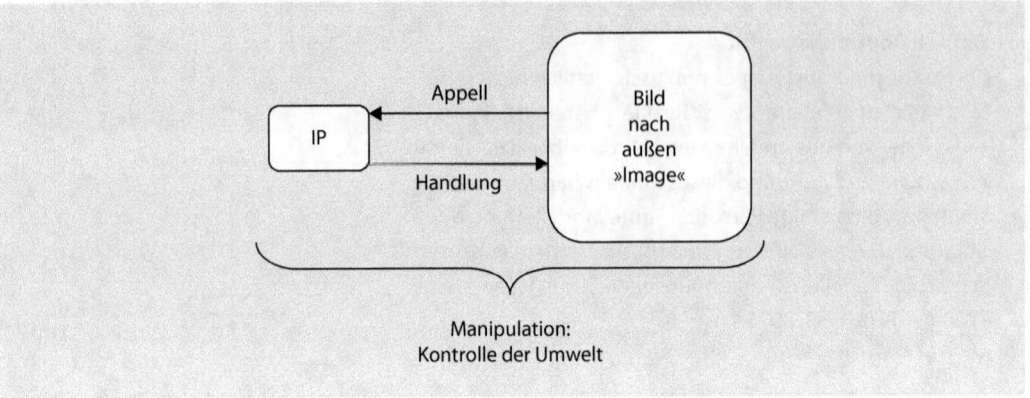

◘ Abb. 1.1 Manipulation dient der Kontrolle der Umwelt

Das ist Manipulation

rung an den Interaktionspartner, etwas Bestimmtes zu tun (oder nicht zu tun; Schulz v. Thun 2000).

Und diese Kopplung von Images und Appellen bezeichnet man als *Manipulation*: Der Interaktionspartner wird dadurch zu Handlungen veranlasst, die er ohne diese Aktionen gar nicht ausführen würde (Sachse 1997).

Eine Person, die manipuliert, kontrolliert dadurch ihre Umwelt (◘ Abb. 1.1): Sie versucht, ihre Umwelt durch Manipulation so zu beeinflussen, wie sie es möchte, also die Umwelt so zu gestalten, wie es ihr gefällt.

> **Zusammenfassung**
> — Personen machen sog. Images, also »Bilder von sich nach außen«, auf.
> — Diese Images entsprechen nicht den tatsächlichen Eigenheiten oder Eigenschaften der Person; insofern sind sie »Täuschungen«.
> — Personen senden aber nicht nur Images, sondern auch Appelle.
> — Appelle dienen dazu, Interaktionspartner zu bestimmten Handlungen zu veranlassen.
> — Die Realisation von Images und Appellen bezeichnet man als Manipulation.
> — Manipulation dient der Kontrolle der Umwelt.

Funktion der Selbsttäuschung

Selbsttäuschung hat dagegen eine andere Funktion: Bei Selbsttäuschung macht die Person kein Bild nach außen (für Interaktions-

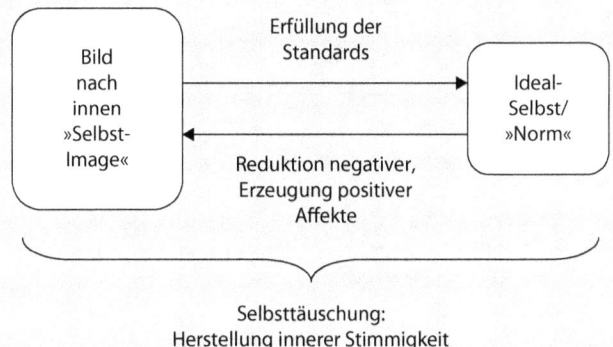

Abb. 1.2 Selbsttäuschung zur Herstellung innerer Stimmigkeit

partner) auf, sondern ein »Bild nach innen«, also ein Bild für sich selbst: Ich möchte es deshalb als »Selbst-Image« bezeichnen.

Auch das Selbst-Image ist eine Täuschung, in diesem Fall eine Selbsttäuschung: Denn dieses Bild entspricht nicht den Annahmen, die die Person von sich selbst hat (dem sog. »Real-Selbst«) oder es entspricht nicht den Annahmen, die eine Person aus verfügbaren Fakten über sich selbst realistischerweise ableiten könnte oder sollte. Die Person macht z. B. das Selbst-Image auf, kompetent zu sein, obwohl sie selbst dafür keine Fakten vorfindet oder obwohl sie Fakten vorfindet (Zeugnisse, Feedback von anderen etc.), die einen gegenteiligen Schluss nahelegen.

Der Sinn dieses Selbst-Images ist es vorrangig, ein »Ideal-Selbst« oder eine Norm »zu besänftigen«: Das Ideal-Selbst möchte, dass die Person »kompetent« ist, oder die Person hat eine für sich selbst verbindliche Norm, dass sie kompetent sein muss: Sie setzt für sich selbst Standards, die sie erfüllen will, oder sie glaubt, diese erfüllen zu müssen.

Sich selbst beruhigen durch ein gutes Selbstbild

Würde sie aber nun (realistischerweise) davon ausgehen, *nicht* kompetent zu sein, würde das zu (mehr oder weniger heftigen) negativen Affekten führen, die jedoch unangenehm sind und die die Person vermeiden will: Eine realistische Selbsteinschätzung hätte zur Folge, dass die Person unzufrieden ist, sich minderwertig fühlt, ein »schlechtes Gewissen« hat, sich schämt o. Ä. *Und diese negativen Affekte kann die Person vermeiden, indem sie ein Selbst-Image aufmacht*, das dem Ideal-Selbst oder der Norm weitgehend entspricht, das also den »Standards« entspricht. Sie macht sich selbst etwas vor und erzeugt so eine »innere Konsistenz«, reduziert negative und erzeugt vielleicht sogar positive Affekte (Abb. 1.2).

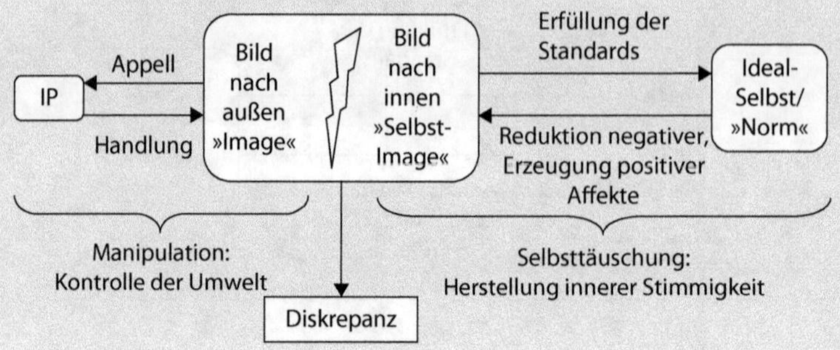

Abb. 1.3 »Image« und »Selbst-Image« können diskrepant sein

Verminderung negativer Affekte

Auch hier schafft die Person sich selbst eine Realität so, wie es ihr gefällt!

Die Selbsttäuschung dient damit im Wesentlichen der »Ruhigstellung« des Ideal-Selbst oder der Norm und damit der Reduktion negativer Affekte.

> **Zusammenfassung**
> — Eine Person kann ein Selbst-Image aufbauen, das eine Selbsttäuschung ist.
> — Der Sinn des Selbst-Images ist die (scheinbare) Erfüllung von Standards und damit im Wesentlichen die Reduktion oder Vermeidung negativer Affekte.

Interessant ist es zu analysieren, wie stark das »Image« und das »Selbst-Image« übereinstimmen (Abb. 1.3).

Image und Selbst-Image

Die Person kann das Image, das sie nach außen hin aufmacht, *auch selbst glauben:* In diesem Fall sind Image und Selbst-Image identisch; die Person glaubt die Aspekte, die sie nach außen behauptet, auch selbst.

Image und Selbst-Image können aber auch *diskrepant* sein: In diesem Fall präsentiert die Person nach außen ein Image, das sie selbst nicht glaubt; sie selbst hat ein davon abweichendes Selbst-Image.

Was ist Manipulation?

2.1　Transparentes und intransparentes Handeln – 8

2.2　»Falsche« Absichten – 10

2.3　Manipulation – 12

Definition von Manipulation

Als Erstes möchte ich mich mit dem Bereich der Manipulation beschäftigen: Was genau ist unter »Manipulation« zu verstehen?

Im Wesentlichen hat ein manipulatives Handeln drei Charakteristika:
1. Es ist intransparent.
2. Es veranlasst einen Interaktionspartner (IP) zu einem Handeln, das er ansonsten nicht ausführen würde.
3. Es täuscht den IP über die tatsächlichen Handlungsgründe und schränkt dadurch seine Entscheidungsmöglichkeiten ein.

Zu den genaueren psychologischen Abläufen siehe Sachse (1997, 1999, 2001a; Sachse et al. 2010).

2.1 Transparentes und intransparentes Handeln

Absichten

Im vorliegenden Zusammenhang ist es sehr wesentlich, zwischen transparentem und intransparentem Verhalten zu unterscheiden. Dazu muss man sich zuerst klarmachen, dass jeder Handelnde mit jeder Handlung eine *Absicht* verfolgt: Er will mit seiner Handlung etwas erreichen, seine Handlung soll ein bestimmtes Ergebnis erzielen.

Interaktionelle Handlungen

In diesem Zusammenhang betrachten wir vor allem bestimmte Arten von Handlungen: *Handlungen zwischen Personen = interaktionelle Handlungen*. Zwei Personen handeln immer *aufeinander bezogen*: Und jede Person will durch jede Handlung etwas bei der anderen Person bewirken oder will erreichen, dass die andere Person etwas tut oder nicht tut.

Eine Person will z. B.,
- dass der Interaktionspartner (IP) ihr zuhört,
- dass der IP ihr Aufmerksamkeit schenkt,
- dass der IP ihr antwortet,
- dass der IP sie lobt,
- dass der IP sie in den Arm nimmt,
- dass der IP sich kümmert,
- dass der IP mit ihr Sex macht usw.

> Man muss sich klarmachen: Jeder interaktionellen Handlung liegt eine Absicht zugrunde.

Bewusste Absicht

Nicht immer muss einer Person diese Absicht deutlich und bewusst sein: Sie kann auch »automatisiert« handeln und die Absicht »nicht auf dem Schirm haben«; oder sie kann unbewusste Absichten verfolgen. Aber: In jedem Fall ist eine Absicht vorhanden (Kuhl 1983a, 2001)!

2.1 · Transparentes und intransparentes Handeln

Nun ist eine entscheidende Frage: *Wie* setzt man eine Absicht in Handlung um? Oder: *Wie* verfolgt man eine Absicht in einer Handlung? Hier gibt es prinzipiell zwei Möglichkeiten:
1. Die Absicht kann im Handeln erkennbar werden.
2. Die Absicht wird verschleiert oder getarnt.

Verschleierte Absicht

Man kann so handeln, dass die Absicht in der Handlung erkennbar wird: Der IP kann aus der Handlung darauf schließen, was man von ihm will (zumindest könnte er es, wenn er auf die entsprechenden Signale achten würde). Da er das kann, gibt ihm das Entscheidungsspielraum und damit Freiheitsgrade: Er kann entscheiden, ob er der Person das geben will, was sie möchte; er kann sich aber auch dafür entscheiden, der Absicht der Person nicht zu entsprechen (und die Person damit u. U. zu enttäuschen oder zu frustrieren).

Eine Handlung, die so realisiert wird, dass ein IP die dahinterliegende Absicht erkennen kann, nennen wir *transparent*. Ein transparentes Handeln ist damit auch ein solches, das dem IP Entscheidungsmöglichkeiten und damit Freiräume lässt; denn er kann sich nun auf die »tatsächliche« Absicht einstellen.

Transparenz

Transparent ist es, einem IP z. B. direkt und explizit zu sagen, was man will:
- »Ich möchte, dass du heute Abend bei mir bleibst.«
- »Ich würde mich freuen, wenn du mich in den Arm nehmen würdest.«
- »Ich möchte, dass du dich um mich kümmerst.«

Eine *völlig transparente* Botschaft ist also immer nur eine solche, die ein Hörer ohne weiteren Aufwand, ohne eine »Übersetzung« verstehen kann. Jede Art von Botschaft, die man »zwischen den Zeilen« gibt, die man »indirekt« durch die Blume sendet, in der man Euphemismen oder Metaphern verwendet, ist schon nicht mehr völlig transparent. Denn in diesem Fall muss der IP die Botschaft »dekodieren«, »entschlüsseln«, in eine klare Botschaft übersetzen. Aber auch hier gibt es »indirekte Botschaften«, die noch relativ leicht zu entschlüsseln sind und die man deshalb noch als »transparent« durchgehen lassen kann: In diesem Fall kann eine durchschnittlich intelligente und sozial kompetente Person sie noch gut verstehen.

Indirekte Botschaften

> **Intransparente Botschaften**
> Es gibt jedoch auch Botschaften, die »getarnt« sind, bei denen die dahinterliegende Absicht nur noch schwer zu rekonstruieren ist: Solche Botschaften sind *intransparent* = nicht mehr durchschaubar.

Absichten tarnen

Man muss also sehen: Eine Person kann mit einer Aussage eine Absicht verfolgen; sie kann aber versuchen, diese »wahre« Absicht zu tarnen oder zu verbergen, sie hinter einer anderen Absicht »zu verstecken«: In diesem Fall will sie, dass der IP die tatsächliche Absicht *nicht* erkennt: Der IP soll die wirkliche Absicht gerade *nicht* aus dem Verhalten erschließen.

So will z. B. ein schüchterner Mann eine Frau »anbaggern«, traut sich aber nicht, das offen zu zeigen: Also lädt er die Frau ein, »nur mal mit ihm zu Mittag zu essen«: Seine eigentliche Absicht ist es aber nicht, »zu Mittag zu essen«, sondern eine Beziehung anzubahnen (Sachse et al. 2014). (Oft hofft er dann, die getarnte Absicht werde durchschaut, *falls* die Frau auch eine Beziehung will; und sie werde möglichst *nicht* durchschaut, falls die Frau keine Beziehung will!)

2.2 »Falsche« Absichten

»Falsche« Absichten

Will man seine wahre Absicht tarnen, dann ist es in aller Regel schlau – und meist erforderlich –, dem IP eine *andere, »falsche« Absicht* deutlich zu machen. Der Leser möge hier bitte beachten, dass die Schilderungen von Interaktionen, also von Handlungen zwischen Personen, immer etwas komplex sind, da die Personen sich gegenseitig beeinflussen: Wie ich gegenüber einem Freund handle, ist davon abhängig, was ich möchte, aber auch davon, was ich denke, was *er* möchte, und davon, was ich denke, was er denkt, was ich denke, was er denkt, was ich möchte usw. – Sie sehen, eine einfache Interaktion wird sehr schnell sehr komplex. Daher ist es manchmal nötig, sich etwas Zeit zu nehmen und einen Ablauf *zu durchdenken* und manchmal muss man auch »um die Ecke« denken – leider ist das nicht vermeidbar, denn sonst versteht man nicht, wie Beziehungen funktionieren.

Der Interaktionspartner kann entscheiden

Denn wenn ich dem IP sage, was ich will, dann kann er ja entscheiden, ob er der Absicht folgen will, also entscheiden, *ob er meine Absicht zu einem Grund seines Handelns machen will*: Wenn ich die Absicht habe, den IP zu veranlassen, mich in den Arm zu nehmen, dann kann der IP sich entscheiden, das als Anlass zu nehmen, mich in den Arm zu nehmen! *Damit wird dann meine Absicht im Hinblick auf ihn zu einem Grund seines Handelns im Hinblick auf mich!* (Oder schlicht gesagt: Er tut, was ich will!)

Ich lege meine Absicht aber nur dann offen, wenn ich denke, dass der IP ihr auch wirklich folgen wird: Wenn ich denke, dass er mich auch in den Arm nehmen will, dann mache ich ihm deutlich, dass ich von ihm in den Arm genommen werden will.

2.2 · »Falsche« Absichten

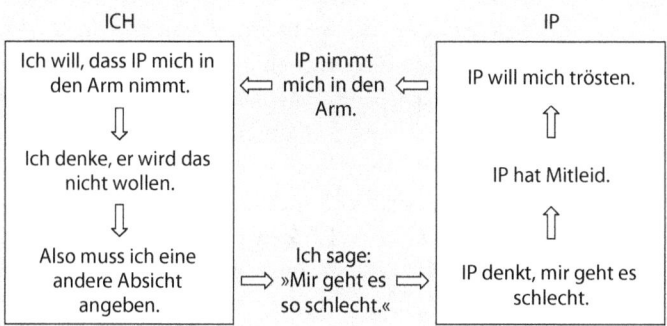

Abb. 2.1 Die Bildung »falscher« Absichten

Sollte ich dagegen denken, dass er mich »eigentlich« nicht in den Arm nehmen will, dann werde ich meine Absicht auch nicht transparent machen, da ich dann davon ausgehe, dass er es nicht tun wird!

Will ich aber trotzdem in den Arm genommen werden, dann muss ich meine Absicht geheim halten – und dann muss ich dem IP einen Grund für sein Handeln geben, den er akzeptiert. Neigt er dazu, Mitleid zu haben, dann sage ich z. B.: »Mir geht es so schlecht« – dann hat der IP Mitleid und nimmt mich *aus diesem Grund in den Arm:* Also nimmt er mich nicht in den Arm, »nur weil ich es möchte«, sondern weil er denkt, »dass ich es brauche« und er etwas »Gutes« tut, wenn er es tut! Diesen Ablauf illustriert Abb. 2.1.

Tatsächlich geht es mir aber gar nicht schlecht, und ich brauche es auch gar nicht dringend – ich habe den IP also getäuscht und ihn durch die Täuschung dazu veranlasst, etwas zu tun, was er »eigentlich« gar nicht tun wollte. Durch die Täuschung habe ich dem IP einen *Grund für sein Handeln gegeben*, der so gar nicht existiert.

Verdeckte Absichten

> **Tarnung**
> Wenn ein Manipulator einen Interaktionspartner zum Handeln bewegen will, ihm aber seine Absichten (die wahren Handlungsgründe) nicht verraten will, dann muss er andere Gründe für sein Handeln erfinden oder vorgeben: Mit der Tarnung der eigenen Absichten ist in aller Regel also das Erfinden »falscher« Absichten verbunden!

Wenn ich den IP mithilfe falscher Absichten zum Handeln veranlassen will, dann muss ich ihm vormachen, dass diese Gründe echt, wahr, zutreffend, relevant sind: Ich muss ihm also vormachen, dass diese Absichten meine »echten« Absichten seien, ich muss ihn also notwendigerweise täuschen! (Denn wenn ich ihn *nicht* täusche, hat er u. U. keine Lust mehr, das Handeln auszuführen oder sieht den Sinn des Handelns nicht mehr ein! Im obigen Beispiel: Wenn er mir nicht glaubt, dass es mir schlecht geht, dann fühlt er sich auch nicht veranlasst, mich in den Arm zu nehmen.)

Gründe müssen Interaktionspartner überzeugen

Und wenn ich den IP zum Handeln veranlassen will, dann muss ich *solche* Gründe erfinden, *auf die er mit hoher Wahrscheinlichkeit auch anspricht*: Die ihn dann auch wirklich zum Handeln veranlassen (ich muss also solche Absichten erfinden, die ihn auch wirklich überzeugen; im obigen Beispiel: Ich muss wissen, dass er auch wirklich mit Mitleid reagiert; tut er das nicht, veranlasse ich ihn auch nicht zum Handeln!).

Wenn ich z. B. will, dass mein IP zu Hause bleibt, ich das aber nicht sagen will (z. B. weil ich denke, dass er es dann nicht tun würde), dann muss ich ihm einen anderen Grund geben, zu Hause zu bleiben: Weil ich aber keinen habe, muss ich einen *erfinden*; und ich muss einen erfinden, der ihn auch wirklich veranlasst, zu Hause zu bleiben. Also sage ich: »Ich habe solche Kopfschmerzen, ich kann heute nicht allein bleiben.« Ist mein Partner durchschnittlich normorientiert, dann wird er einen kranken Partner »nicht im Stich lassen« – und ich erreiche, was ich will.

> **Intransparentes Verhalten**
> Ein Verhalten nennen wir *intransparent*, wenn der Manipulator
> - den IP über die wirklichen Absichten im Unklaren lässt,
> - dem IP falsche Absichten und damit falsche Gründe für sein Verhalten liefert *und ihn damit systematisch täuscht*,
> - dem IP die Wahlfreiheit nimmt und damit seine Freiheitsgrade einschränkt.
>
> Denn: Da der IP die Absicht des Manipulators nicht kennt, kann er sich auch nicht gegen sie entscheiden; da die falschen Gründe meist (sehr) zwingend sind, fühlt der IP sich veranlasst, das Handeln auch tatsächlich auszuführen.

2.3 Manipulation

Eine solche Art intransparente Handlung ist *manipulativ, wenn sie dazu dient, einen IP zu einer Handlung zu veranlassen, die er ansonsten gar nicht ausführen würde*. Das bedeutet: Bei einer

2.3 · Manipulation

Manipulation wird eine intransparente Handlung dazu benutzt, den IP zu einer bestimmten Handlung zu veranlassen, die er eigentlich nicht beabsichtigt hatte; und er wird auf eine Weise veranlasst, die er nicht durchschaut und gegen die er sich deshalb nicht »wehren« kann.

Ein IP hat also nicht die Absicht, etwas Bestimmtes zu tun, oder er hat sogar »eigentlich« die Absicht, etwas anderes zu tun: Er möchte z. B. nicht zu Hause bleiben, sondern mit seinen Freunden Karten spielen. Dann sagt aber seine Partnerin: »Ich habe Kopfschmerzen, ich kann nicht allein bleiben!« – und er bleibt zu Hause, obwohl dies nicht seine Absicht war und obwohl er eine andere Absicht hatte. Wir nennen eine solche Manipulation eine *negative Manipulation*, weil die Person nur zu etwas veranlasst wird, was ihren Absichten zuwiderläuft, sie dafür aber nichts Positives bekommt. Eine solche »negative« Manipulation führt beim IP oft zu Frustration und Ärger.

Ein anderes Beispiel: Ein IP geht auf eine Fete, um sich dort mit anderen Gästen zu treffen und sich mit ihnen zu unterhalten – und nicht, um nur einer Person zuzuhören. Auf der Fete startet dann aber eine Person eine (zugegebenermaßen) unterhaltsame Show, indem sie eine Geschichte (laut und aufdringlich) erzählt: Und obwohl der IP nicht die Absicht hatte, den Geschichten einer Person zuzuhören, fühlt er sich veranlasst zu lauschen. Wir nennen eine solche Manipulation eine *positive Manipulation*, weil sie dazu führt, dass der IP zwar etwas tut, was er nicht will, sein Verhalten dennoch aber (auch) zu positiven Effekten führt, also (auch) Motive oder Ziele von ihm befriedigt. Im Fall einer solchen »positiven Manipulation« ist der Effekt ambivalent: Die Story ist spannend, es ist also angenehm, veranlasst zu werden, der Person zuzuhören. Die Manipulation kann aber auch ein Störgefühl hinterlassen.

> **Der Interaktionspartner tut etwas, das er eigentlich nicht will**

> **Positive Manipulation**

Manipulation
In jedem Fall gilt bei Manipulation,
- dass ein Interaktionspartner (IP) durch ein intransparentes Handeln zu einer Handlung veranlasst wird, die er nicht beabsichtigt hat oder die sogar seinen Absichten entgegenläuft;
- dass diese »Fremdbestimmung« mehr oder weniger negative Affekte in ihm auslösen kann;
- dass der IP über die wahren Gründe für sein Handeln im Unklaren gelassen oder getäuscht wird;
- dass der IP »zur Handlung gezwungen« wird;

- dass die vorgeschlagenen Gründe (mehr oder weniger stark) zwingend sind und sich der IP daher nur schlecht dazu entscheiden kann, die Handlung nicht auszuführen; damit verliert er Freiheitsgrade und wird *»von außen gelenkt«*;
- dass die Person, die das intransparente Handeln in dieser Weise ausführt, *Kontrolle* über den IP gewinnt und der IP (in mehr oder weniger großem Ausmaß) *fremdbestimmt* wird.

Marionette

Manipulation bedeutet damit Folgendes: *Durch intransparentes Handeln einer Person (Manipulator) werden die eigenen Absichten einer anderen Person (IP) blockiert; der IP beginnt, nach den Absichten des Manipulators zu handeln.* Der Manipulator »führt« damit den IP wie eine »Marionette« (allerdings ist das Ausmaß der Manipulation mehr oder weniger groß).

Manipulationen: Bewertung, Gründe, Kosten

3.1 Vorsicht mit Bewertungen – 16

3.2 Warum man manipuliert – 17

3.3 Gewinne und Kosten manipulativen Handelns – 19

In diesem Kapitel wird erörtert, wie man Manipulationen bewerten sollte, welche Gründe es für Manipulationen gibt und welche interaktionellen Kosten man durch Manipulationen »einfahren« kann.

3.1 Vorsicht mit Bewertungen

Manipulation bedeutet, wie wir gesehen haben, eine andere Person »auszutricksen«, zu etwas zu veranlassen, was sie eigentlich selbst nicht will: Das klingt zuerst einmal sehr negativ, ja sogar »unmoralisch«. Bei einer solchen Bewertung ist jedoch aus psychologischen Gründen äußerste Vorsicht geboten!

> **Manipulation ist »normal«**
> Manipulatives Handeln ist ein normales, weitverbreitetes Handeln: Man muss davon ausgehen, dass jeder manipuliert, und zwar recht häufig! Und nicht jede Manipulation ist bewusst-intentional; die meisten »Manipulationen« sind eher »harmlos«. Wer also manipulatives Handeln verurteilt, wirft mit Steinen, obwohl er selbst in einem äußerst fragilen Glashaus sitzt! In der »Impression-Management-Theorie« von Tedeschi (Tedeschi et al. 1985, 1973; Tedeschi & Norman 1985; Tedeschi & Riess 1981) wird »Manipulation« als normales Sozialverhalten aufgefasst, sogar als ein Aspekt sozialer Kompetenz.

Manipulation ist verbreitet

Manipulation mag negativ sein, und es mag problematisch sein, es ist auf alle Fälle aber eins nicht: etwas Besonderes. Partner manipulieren sich ständig gegenseitig, Chefs manipulieren Untergebene und Untergebene ihre Chefs; Eltern manipulieren ihre Kinder und Kinder ihre Eltern. Wir manipulieren so selbstverständlich, dass wir uns der Manipulation meist gar nicht mehr bewusst werden.

Manipulation geschieht wechselseitig

Manipulation ist damit auch keine »Einbahnstraße«, *sondern Interaktionspartner manipulieren sich meist gegenseitig*. Man kann Manipulation moralisieren, aber nur dann, wenn man *andere* der Manipulation bezichtigt, seine eigene Manipulation aber (manipulativerweise) vergisst und verleugnet: Ein solches Vorgehen ist etwas, das häufig dem Begriff »Mobbing« zugrunde liegt (»Der andere hat mich ‚gemobbt', aber mein Name ist Hase und ich bin so unschuldig wie frisch gefallener Schnee« – man fragt sich verzweifelt, wer den Quatsch eigentlich glauben soll).

Soziale Kompetenz

Nach der »Impression-Management-Theorie« ist Manipulation ein völlig normales Sozialverhalten: Es dient der sozialen Steuerung und der Verfolgung eigener Ziele in sozialen Kontexten. Mehr noch: Man kann Manipulation sogar als eine Form sozialer Intelligenz oder sozialer Kompetenz betrachten: Denn manchmal ist es sehr geschickt, seine Ziele nicht auf direktem, sondern auf manipulativem Wege zu verfolgen. Dosiert eingesetzt (das ist allerdings entscheidend!) ist Manipulation äußerst hilfreich und auch nicht schädlich: Solange eine »balance of power« zwischen den Beteiligten existiert, wirkt sich Manipulation auch nicht negativ auf Beziehungen aus!

Wir haben analysiert, bei welchen Personen mit welchen Störungen Manipulationen häufig sind und bei welchen Störungen welche Arten von Manipulationen besonders häufig vorkommen und welche negativen Konsequenzen aus welchen Manipulationen resultieren (Sachse 1997, 1999, 2000, 2001a, 2001b, 2002, 2004a, 2004b, 2004c, 2005, 2006a, 2006b, 2007a, 2008, 2009; Sachse & Fasbender 2013; Sachse & Sachse 2006; Sachse et al. 2010, 2011, 2012, 2013b, 2014).

Das bedeutet: Wenn hier von »Manipulation« gesprochen wird, dann wird damit eine bestimmte Form von Interaktion beschrieben, *es ist damit explizit keine Wertung und schon gar keine Abwertung gemeint!* Aus meiner Sicht ist es sehr wichtig zu versuchen, die Realität so zu beschreiben, wie sie ist, und sich nicht von einer »Moralkeule« oder von Euphemismen den Blick vernebeln zu lassen! Also nennen wir manipulatives Verhalten auch manipulatives Verhalten und enthalten uns der (meist ebenfalls manipulativen!) Euphemismen.

Keine Wertung

3.2 Warum man manipuliert

Betrachtet man die bisherige Analyse, dann wird klar, warum Menschen manipulieren: weil sie sich davon einen Vorteil versprechen und weil sie oft davon auch einen Vorteil haben.

> **Vorteile von Manipulationen**
> Zu manipulieren bedeutet immer auch, sich gegen authentisches, transparentes Verhalten zu entscheiden, und das tut man dann,
> - wenn man glaubt, das transparente Verhalten würde nicht, nicht effektiv oder nicht schnell genug zum Ziel führen, und
> - wenn man glaubt, das Ziel mithilfe einer Manipulation überhaupt nur, besser, effektiver oder schneller erreichen zu können.

Oft ist diese Einschätzung auch durchaus zutreffend: Wenn ich einen Partner davon abhalten will, etwas zu tun, was er sich vorgenommen hat, kann es zwecklos sein, ihn direkt darum zu bitten: Also bleibt mir dann nur eine manipulative Strategie übrig (oder ich verzichte auf die Realisierung meiner Ziele).

Manipulation ist effektiv

Wenn ich den Chef dazu bringen will, mir eine Aufgabe zu geben, die er aber einer anderen Person geben will, kann ich ihn vielleicht nicht durch Information allein davon überzeugen, es zu tun: Dann kann eine manipulative Strategie hilfreich sein. In manchen Fällen führen manipulative Strategien tatsächlich als einzige Mittel zum Ziel, oder sie tun es wirklich schneller und effektiver als transparente Strategien. Und in diesen Fällen kann man durchaus manipulative Strategien einsetzen: gezielt, begrenzt, überlegt – und man kann wieder damit aufhören, wenn das Ziel erreicht ist.

Es gibt jedoch auch (relativ viele) Menschen, die in ihrer Biografie die Ansicht entwickelt haben, dass sie selbst wenig ausrichten können (die eine niedrige »Selbst-Effizienz-Erwartung« haben) und deshalb denken, ein authentisches Verhalten sei nutzlos; oder die die Annahme entwickelt haben, sie seien selbst nicht okay oder nicht wichtig, und die deshalb denken, andere würden nicht (positiv) auf ihr authentisches Verhalten reagieren: Ihr Partner ist nicht solidarisch, wenn sie ihn »einfach« darum bitten; ihr Vater lobt sie nicht, wenn sie ihm »einfach nur« zeigen, was sie alles können etc.

Authentisches Handeln erscheint nicht effektiv

Oder sie denken sogar, andere könnten *negativ* auf authentisches Verhalten reagieren: Sie denken, wenn sie ihren Partner um einen Gefallen bitten, dann bezeichnet er sie als »egoistisch«, oder wenn sie einen Arbeitskollegen einfach nur bitten, »solidarisch« zu sein, lässt er sie erst recht im Stich. Menschen, die in ihrer Biografie solche Überzeugungen (wir nennen sie »Schemata«, also bestimmte »Bündel« von Überzeugungen) gelernt haben, denken dann, sie *müssten* manipulatives Handeln ausführen, um Ziele überhaupt erreichen zu können – und manipulieren deshalb sehr häufig oder gar ständig. Sie tun dies aber keinesfalls, weil sie »bösartig« oder »egoistisch« sind, sondern weil sie glauben, dass sie keine vernünftige Alternative haben! In solchen Fällen schaffen die Personen es dann oft nicht, manipulative Strategien gezielt und begrenzt einzusetzen: Stattdessen setzen sie sie sehr häufig bis immer ein und verhalten sich dann kaum noch authentisch. Das hat, wie wir sehen werden, gravierende Nachteile und führt meist zu hohen Kosten (Sachse & Sachse, 2006).

3.3 Gewinne und Kosten manipulativen Handelns

Setzt man manipulative Strategien sehr gezielt zur Erreichung von Zielen ein, begrenzt man deren Einsatz, und kann man sich (überwiegend) authentisch verhalten, dann können sich manipulative Strategien durchaus sehr günstig auswirken. Durch manipulative Strategien kommt man oft auch dann weiter, wenn andere Vorgehensweisen versagen: *Die Kunst liegt aber gerade in der Dosierung.*

Denn manipulative Strategien erzeugen nur dann keine hohen interaktionellen Kosten, wenn man die *Reziprozitätsregel* nicht verletzt: Diese besagt, dass Beziehungen (»other things equal«) dann gut und stabil funktionieren, wenn beide Partner etwa gleich viel (oder ihren jeweiligen Erwartungen entsprechend) von der Beziehung profitieren und etwa gleich viel für die Beziehung tun müssen (Sachse et al. 2013a).

Die Balance (»gleich viel«) muss – objektiv gesehen – jedoch nicht immer gehalten werden, wichtig ist vor allem, dass die jeweiligen Wünsche und Erwartungen der Partner nicht zu stark verletzt werden. Und hier kann Manipulation völlig okay sein. Funktioniert die Beziehung nach der Devise »Heute manipuliere ich dich, morgen darfst du«, dann gibt es im Allgemeinen gar keine Probleme. Trotz der Manipulation haben dann beide Partner den Eindruck, »auf ihre Kosten zu kommen«: Jeder kann den anderen mal auf intransparente Weise »für eigene Ziele einspannen«, schafft dann an anderer Stelle aber wieder einen Ausgleich.

> **Manipulation als solche ist kein Problem. Manipulation wird erst durch eine zu hohe Dosis zu einem Problem!**

Manipuliert ein Partner *viel*, dann spannt er den anderen *stark für seine Ziele ein*: Damit hat der andere Partner aber (über kurz oder lang) den Eindruck, zu kurz zu kommen, also zu wenig zu bekommen und/oder zu viel für die Beziehung tun zu müssen.

Und bei dem »Zukurzgekommenen« *kummuliert Unzufriedenheit*: Die Unzufriedenheit wächst an, zuerst langsam und dann immer schneller; zuerst unbemerkt und dann immer deutlicher. Und irgendwann »kippt« Unzufriedenheit dann in Aggressivität um: Die Unzufriedenheit »bricht sich Bahn«.

Während die Unzufriedenheit langsam, über Monate hinweg anwachsen kann, kann das »Umkippen in Aggression« u. U. schnell passieren. Und da eine Person lange nicht mitbekommt, dass bei ihrem IP die Unzufriedenheit wächst, ist sie dann oft von der ausbrechenden Aggression völlig überrascht und versteht dann oft nicht, »was plötzlich los« ist: Nun, so plötzlich geschieht das alles in Wahrheit gar nicht!

Marginalien:
- Dosierung von Manipulation
- Reziprozitätsregel
- Zu viel Manipulation macht Interaktionspartner unzufrieden
- Beziehung »kippt um«

Kosten

Und genau dann und dadurch führt die Manipulation zu Beziehungsproblemen, also zu »interaktionellen Kosten« für den Manipulator.

Dieser »Umkipp-Effekt« ist hier sehr häufig: Der IP hat sich lange manipulieren lassen, also alles getan, was der Partner wollte. Er ist langsam immer unzufriedener geworden, hat dann aber trotzdem noch alles getan, was der Partner wollte: Aus Angst vor Konflikten, aus Angst, der eigene Eindruck sei falsch etc. Nur irgendwann wird die Unzufriedenheit so groß, dass der IP sich »nicht mehr beherrschen kann«. Und dann wird er nicht nur sauer, sondern er tut dann auch nicht mehr das, was der Partner will: *Er lässt sich dann nicht mehr manipulieren!* Oft tun IP dann sogar das Gegenteil von dem, was sie sollen, und dann gerät die Beziehung in eine ernste Krise.

Manipulatoren lernen nicht aus Kosten

Leider, wie wir noch sehen werden, lernen die Manipulatoren aber nicht aus diesen negativen Konsequenzen, sondern machen dann den IP für die Krise verantwortlich: »Mein Partner war ja immer so nett und pflegeleicht, und plötzlich ist er völlig ausgerastet. Das kann nur an ihm liegen!«

Wie schnell diese Kosten entstehen und wie heftig sie sind, hängt davon ab,
- in welcher »Dosis« der Manipulator manipuliert: Je stärker er manipuliert und je weniger er sich noch authentisch verhält, desto schneller treten die Kosten ein und je heftiger sind sie;
- wie stark und wie »allergisch« der IP auf die Manipulation reagiert: Manche IP »lassen sich viel gefallen« und brauchen lange, bis sie unzufrieden und aggressiv werden, andere sind empfindlich und reagieren schnell.

Kosten treten verzögert auf

Die Kosten der Manipulation treten meist erst *verzögert* auf: Denn zuerst einmal funktionieren fast alle Manipulationen reibungslos. Die Manipulatoren *erreichen ihre Ziele zunächst einmal fast immer und werden deshalb immer erst für ihr Handeln bekräftigt.* Da das Handeln ja immer zuerst »klappt«, denken sie, das Handeln sei okay, angemessen, effektiv, erfolgreich. Und deshalb kommen sie gar nicht darauf, dass das Handeln problematisch sein könnte. Und wenn der IP dann (erst nach einiger Zeit!) unzufrieden und aggressiv wird, liegt es nicht mehr nahe, die Ursachen dafür im eigenen Handeln zu sehen: Also muss *das Verhalten des IP nun mit dem IP zu tun* haben: *Der* hat Probleme, *der* reagiert merkwürdig etc.!

Manipulatoren erkennen das Problem nicht

Der Manipulator kommt somit nicht auf die Idee, dass sein manipulatives Handeln das Problem sein könnte: Denn darauf macht ihn ja niemand aufmerksam, das Handeln wurde ja nie als

»problematisch« markiert, im Gegenteil: Es hat ja bestens funktioniert! Also kommt der Manipulator auch nicht auf die Idee, er sollte sein Handeln mal reflektieren oder ändern: *Und damit lernt er nie aus den negativen Konsequenzen.*

In aller Regel kommt er sogar auf die Idee »Mehr desselben!«: In Zukunft sollte er noch mehr von dem »wirksamen« Verhalten realisieren, um damit negative Effekte zu verhindern. Daher führen negative Konsequenzen eher dazu, dass sich das manipulative Handeln *verschlimmert!* Manipulatoren neigen also stark dazu, über die Zeit hinweg eher ausgeprägter als weniger zu manipulieren.

> »Mehr desselben« verschlimmert das Problem

Wesentliche Aspekte
- Manipulationen wirken zuerst fast immer positiv, indem die Manipulatoren meist ihr Ziel erreichen.
- Wird die Manipulation dosiert ausgeführt, verhält sich der Manipulator immer wieder authentisch, hat die Manipulation nur geringe bis keine Kosten, sondern kann sogar »Gewinne« erzeugen.
- Manipuliert eine Person aber in hohen Dosen (und verhält sich kaum noch authentisch), dann erzeugt die Manipulation hohe bis sehr hohe interaktionelle Kosten.
- In aller Regel treten diese Kosten aber verzögert ein, sie treten fast immer erst nach den Gewinnen ein.
- Da die Kosten aber (fast) immer nach den Gewinnen eintreten, lernen die Manipulatoren nicht aus den negativen Konsequenzen, reduzieren dann meist ihre Manipulationen auch nicht, sondern machen stattdessen »mehr desselben«.

Personen, die Manipulationen nicht nur strategisch, sondern ständig einsetzen (weil sie denken, dass es dazu keine Alternative gibt) manipulieren meist in so hohen Dosen, dass dies unweigerlich zu interaktionellen Kosten führt.

Die Realisation von Manipulationen

4.1	**Images und Appelle** – 24	
4.1.1	Was sind Images und Appelle? – 24	
4.1.2	Images – 24	
4.1.3	Appelle – 26	
4.1.4	Zusammenhang von Images und Appellen – 27	
4.2	**Die Realisation von Images und Appellen** – 28	
4.3	**Kompetenzen** – 31	
4.4	**Kapazitäten** – 32	
4.5	**Manipulative Strategien** – 32	

> Die Welt ist eine Bühne, und alle Frauen und Männer bloße Spieler.
> William Shakespeare (Wie es euch gefällt)

In diesem Kapitel möchte ich darstellen, wie bzw. durch welche elementaren Mechanismen man Manipulationen realisiert, wie man sein Verhalten ausrichten muss, um effektiv zu manipulieren, und welche Arten von Kompetenzen man dazu benötigt.

4.1 Images und Appelle

4.1.1 Was sind Images und Appelle?

Images und Appelle sind das »interaktionelle Kleingeld« der Manipulation: *Images und Appelle sind die Einheiten, aus denen sich eine manipulative Strategie zusammensetzt.* Jede komplexere Manipulationsstrategie setzt sich aus einer Vielzahl von Images und Appellen zusammen (Sachse, 1997; Sachse et al. 2010).

Appelle basieren auf Images

Images und Appelle sind in aller Regel eng aufeinander bezogen: Images dienen dazu, den IP in bestimmter Weise »einzustimmen«, ihn für Appelle aufnahmebereit zu machen, die Appelle vorzubereiten; Appelle sind dann die eigentlichen Manipulationen, also das, was Interaktionspartner (IP) zu bestimmten Handlungen veranlasst.

> **Images und Appelle**
> *Images* sind Informationen an den IP, die dazu dienen, bei diesem ein bestimmtes Bild von der Person herzustellen: Durch ein Image soll der IP veranlasst werden, etwas Bestimmtes zu denken oder zu glauben – oder etwas Bestimmtes *nicht* zu denken oder *nicht* zu glauben.
> *Appelle* sind (meist implizite) Handlungsaufforderungen an den IP: Durch Appelle soll der IP dazu veranlasst werden, etwas Bestimmtes zu tun oder nicht zu tun.

4.1.2 Images

Image = Bild von sich selbst

Ein Image ist ein Bild, das der Manipulator im IP entstehen lassen will: *Dabei will er ein ganz bestimmtes Bild von sich erzeugen*, das ganz bestimmte Komponenten enthalten bzw. nicht enthalten soll. Der Manipulator will also, dass der IP über diesen ganz bestimmte Dinge denkt und glaubt – und er will, dass der IP ganz bestimmte Dinge *nicht* denkt und glaubt.

4.1 · Images und Appelle

So kann ein Manipulator wollen, dass das Image einer »großartigen Person« beim IP entsteht. Dann vermittelt der Manipulator Images wie:
- Ich bin toll.
- Ich habe außergewöhnliche Fähigkeiten.
- Ich bin besonders intelligent.
- Ich bin sehr erfolgreich.
- Ich bin entschlussfreudig etc.

Positives Image

Um ein solches Bild entstehen zu lassen, muss der Manipulator aber gleichzeitig verhindern, dass beim IP andere Bilder entstehen, die dem angestrebten Bild widersprechen: Also muss er alle Informationen, die zum gegenteiligen Schluss führen würden
- verhindern oder
- verändern bzw. verfälschen.

Der Manipulator muss also verhindern, dass der IP negative Information erhält, z. B., indem er entsprechende Informationen »unterschlägt«; oder er muss solche Informationen »weginterpretieren«, z. B. mit folgenden Aussagen:
- »Der Fehlschlag letzten Dienstag lag nur an meinem Partner.«
- »Ich bin nur durch die Prüfung gefallen, weil ich krank war.«

Der Manipulator muss hier also
- eine relevante Information dem IP gezielt vermitteln und dafür sorgen, dass sie »ankommt«;
- eine widersprechende Information gezielt ausblenden, kontrollieren oder kommentieren, er muss die Information also »verzerren« oder »verfälschen«.

Image-Vermittlung

Auf diese Weise kann dann beim IP (früher oder später) das entsprechende Image entstehen: Er glaubt dann tatsächlich, dass der Manipulator »ein toller Typ« ist: Damit bildet er eine Überzeugung, und damit wird es wahrscheinlich, dass er von nun an den Manipulator auch eher in einem positiven Licht sieht (er wird »positiv voreingenommen«).

Natürlich kann man auch ein *negatives* Image aufbauen wollen: Man will, dass der IP glaubt, dass man schwach, hilflos, leidend ist; dann sendet man Images wie:
- Ich leide stark.
- Ich kann es kaum noch aushalten.
- Ich kann nichts tun.
- Alles was ich tue, verschlimmert meinen Zustand.

Negatives Image

Informationskontrolle

In einem solchen Fall muss der Manipulator alle Informationen kontrollieren oder verzerren, die ihn als stark, kompetent, wenig leidend etc. zeigen würden, oder er muss entsprechende Angaben als »Ausrutscher« kommentieren, z. B. mit folgenden Aussagen:
- »An diesem Tag habe ich mich wohlgefühlt – aber es hat nicht lange angedauert; und anschließend war alles noch schlimmer.«
- »Da konnte ich etwas tun, aber langfristig hat das alles meinen Zustand noch mehr verschlechtert.« Etc.

Ein Image aufzubauen, bedeutet also:
- Informationen sehr gezielt zu geben, sie genau zu »platzieren«, sie gut zu »gestalten«;
- Informationen stark zu kontrollieren;
- ungünstige Informationen zu filtern, zu verändern, zu verzerren.

Ziel ist es damit, beim IP ein Bild entstehen zu lassen,
- das den Intentionen des Manipulators entspricht,
- das möglichst konsistent und widerspruchsfrei ist,
- das der IP glaubt und
- das den IP möglichst emotional anspricht.

4.1.3 Appelle

Images allein reichen jedoch nicht zur Manipulation; denn Images allein veranlassen den IP oft noch nicht zu Handlungen. Und außerdem soll der IP ja auch *nicht irgendwie* handeln; er soll vielmehr ganz bestimmte Dinge tun oder nicht tun. Deshalb muss der Manipulator auch noch Appelle senden.

> *Appelle* sind Handlungsaufforderungen. Appelle sind Aufforderungen an den IP, etwas Bestimmtes zu tun oder nicht zu tun.

Natürlich können Appelle auch explizit geäußert werden; bei Manipulationen ist dies aber nur sehr selten der Fall: Meist werden Appelle *implizit* geäußert, indirekt, »zwischen den Zeilen«. Der Appell muss »sich ergeben«, man muss ihn »heraushören«. So kann eine Person in ein Zimmer kommen, es heiß finden und den Wunsch haben, dass jemand ein Fenster aufmacht: Dann kann sie explizit und damit transparent sagen: »Könnte mal jemand ein

Fenster aufmachen?«; oder sie kann intransparent, laut und etwas vorwurfsvoll sagen: »Es ist aber extrem heiß hier«, und hoffen, dass jemand den Appell erkennt und ausführt.

»Implizit« bedeutet hier also, dass man das, was man meint und was man von anderen will, nicht offen und leicht erkennbar äußert, sondern *verschlüsselt*: Man »versteckt« die Aufforderung in einer Aussage (»Es ist heiß hier«) oder in der Schilderung eines Zustandes (»Mir geht es schlecht«). In diesem Zusammenhang ist die Analyse der »Aufforderungsvarianzen« von Herrmann (1982) aufschlussreich.

Diese Strategie hat (wie alle Strategien) Vor- und Nachteile:
- Der Nachteil: Der Manipulator muss darauf hoffen, dass der IP den Appell auch wirklich »hört«, ihn entschlüsselt und damit überhaupt versteht: Wenn man sich auf einen IP einstellt, kann man meist richtig damit liegen – und falls nicht, kann man notfalls immer noch »Klartext« reden.
- Der enorme Vorteil dieser Art der Vermittlung: Der Manipulator kann kaum auf den Appell »festgenagelt« werden, denn wenn man sagt: »Mir geht es schlecht«, dann hat man ja schließlich nicht »gesagt«: »Kümmere dich um mich«; dass der andere das »hört«, dafür kann man ja schließlich nichts! Also kann man den Appell im Ernstfall immer abstreiten. *Die ist also der Versuch zu manipulieren, ohne für die Manipulation verantwortlich gemacht werden zu können!*

Implizite Appelle

4.1.4 Zusammenhang von Images und Appellen

Man muss sich klarmachen, dass Appelle und Images immer zusammengehören: *Images bereiten Appelle vor* – nach dem Motto: »Images schießen den IP sturmreif für Appelle«. Deshalb beziehen sich Appelle inhaltlich immer auf entsprechende Images.

Baut ein Manipulator ein Image auf wie »Ich bin toll«, dann sendet er auch Appelle wie:
- Finde mich toll!
- Bewundere mich!
- Kritisiere mich nicht!

Baut ein Manipulator ein Image auf wie »Ich bin arm dran und hilflos«, dann sendet er Appelle wie:
- Hilf mir!
- Rette mich!
- Übernimm Verantwortung!
- Belaste mich nicht auch noch!

Images bereiten Appelle vor

Ein Spieler (= Manipulator) kann *positive Appelle* senden; dadurch will er erreichen, dass ein IP etwas Bestimmtes tut, z. B.:
- Lobe mich!
- Solidarisiere dich mit mir!
- Bestätige mich!

Ein Manipulator kann jedoch auch *negative Appelle* senden, also den IP dazu veranlassen, etwas Bestimmtes *nicht* zu tun, z. B.:
- Stell mich nicht in Frage!
- Kritisiere mich nicht!
- Stell keine Anforderungen!

4.2 Die Realisation von Images und Appellen

Wie schon gesagt, realisiert man Images und Appelle nicht explizit, denn das würde ja bedeuten, dass man ein Image *transparent* macht; und damit wäre es ja schon fast nicht mehr manipulativ. Also sagt man einem IP nicht direkt, was er denken und glauben oder was er tun soll: In Ausnahmefällen kann man das tun (denn man kann auch manchmal »mit der Wahrheit manipulieren«), aber meist tut man es natürlich nicht.

Wie wird kommuniziert?

Images und Appelle werden auf allen *Kommunikationskanälen* vermittelt:
- verbal,
- paraverbal,
- nonverbal.

Verbal

Verbal bedeutet: Die Information wird *im Text* vermittelt; sie steht im produzierten Text (entweder direkt oder aber »zwischen den Zeilen«).

Paraverbal

Paraverbal bedeutet: Die Information wird vermittelt *durch die Art, wie der Text produziert wird;* beispielsweise in einer bestimmten Lautstärke, einer bestimmten Geschwindigkeit, in einer bestimmten Tonhöhe, mit einer bestimmten Betonungsstruktur, mit bestimmten Pausen etc. Dies sind die »eigentlich rhetorischen« Aspekte der Botschaft (Enkelmann 1999; Felbinger 1998).

Nonverbal

Nonverbal bedeutet: Viele Informationen werden gegeben über Mimik, Gestik, Körperhaltung, den Abstand, den man zu einer anderen Person einnimmt etc. (Forgas 1999; Kercher 2001; Thies 2008).

4.2 · Die Realisation von Images und Appellen

> **Beziehungsbotschaften**
> Images und Appelle sind keine Inhaltsbotschaften, sondern Beziehungsbotschaften: Die Person will mit Images nicht einfach irgendwelche Inhalte oder Informationen übermitteln; sie will vielmehr Informationen über Beziehungen übermitteln. Sie will damit Interaktionen beeinflussen und steuern, sie will Beziehungen damit aktiv gestalten. Und psychologisch gilt: Alle Arten von Beziehungsbotschaften sind eher implizit, werden also meist stärker para- und nonverbal als verbal vermittelt!

So steckt beispielsweise bei einem Flirt die »Flirtinformation« fast nie im Text: Dem Text nach bestellt der Flirtende einfach nur ein Brötchen oder redet über das Wetter. Aber *wie!* Die *Art*, wie er ein Brötchen bestellt, wie er seine Stimme einstellt (tief und kräftig) und wie er betont, macht deutlich, dass es hier allenfalls am Rande um Brötchen geht! Die Information, die dann auf der verbalen Ebene gegeben wird, wird dann auch nicht direkt und offen vermittelt. Vielmehr sagt man hier das, was man sagen will.

Man kommuniziert verbal daher
- eher »beiläufig«, nebenbei, in eine Story eingebettet,
- so, als wolle man es in Wahrheit gar nicht sagen, als sei es einem »rausgerutscht«,
- so, als bleibe einem leider gar nichts anderes übrig, als es zu sagen; so, als »wolle man den Partner natürlich gar nicht belasten«;
- »zwischen den Zeilen«, »im Text versteckt«, euphemistisch, »durch die Blume«.

Man meint etwas anderes als man sagt, und man will, dass der IP das Gemeinte erkennt, ohne dass er die Person auf das Gesagte festlegen kann.

Ich sage: »Heute ist wieder alles schiefgegangen«, und ich will, dass mein IP hört:
- Ich bin arm dran und gebeutelt.
- Die Welt geht ungerecht mit mir um.
- Ich brauche dafür Ausgleich und Wiedergutmachung.
- Daher wäre es toll, du würdest dich um mich kümmern und mich kraulen.

Ich sage: »Ich habe wieder solche Rückenschmerzen«, und ich will, dass mein IP hört:

Meinen und sagen

- Ich leide stark.
- Ich kann nichts dafür.
- Du solltest mir Arbeit abnehmen und mich nicht auch noch belasten.

Wichtig ist aber nicht nur die verbale Botschaft: Es ist vielmehr *sehr* wichtig, die Botschaft auch *paraverbal* richtig zu gestalten: Also sage ich den Satz »Ich habe wieder solche Rückenschmerzen« mit einer zitternden, von Leiden durchsetzten Stimme, langsam, leise, eher »gehaucht«, sodass mein Leiden auch unverkennbar ist.

Kunst der Darstellung

Ebenso äußere ich den Satz »Heute ist alles schiefgegangen« so, dass der Effekt maximiert wird: Wie ein Schauspieler in einem Shakespeare-Stück, als jemand, der dem König als geschlagener Held die schlechte Nachricht einer verlorenen Schlacht überbringt, spreche ich heroisch-leidend, unschuldig, aber der Katastrophe entsprechend bewusst langsam, getragen, unterschwellig-betonend, aber doch fest, wobei ich das »schief« sowohl betone als auch dehne: »schiiief gegangen…«.

> **Als Manipulator sollten Sie immer daran denken: Manipulation ist im Wesentlichen die Kunst der Darstellung!**

Aber auch der *nonverbale* Ausdruck ist wesentlich: Bei der Äußerung des Satzes »Heute ist wieder alles schiefgegangen« sollten Sie nicht lächeln; ihr Gesicht sollte ernst sein, mit einem leicht verächtlich-angewiderten Touch.

Demonstrative Bekräftigung

Bei der Äußerung des Satzes »Ich habe heute wieder solche Rückenschmerzen« sollten Sie natürlich auch *demonstrieren*, dass Sie Rückenschmerzen haben und was es heißt, Rückenschmerzen zu haben: Also sollten Sie nicht nur dezent stöhnen (so als würden Sie versuchen, »sich zusammenzureißen«), sondern Sie sollten auch gebückt gehen, sich langsam und mühsam bewegen, ab und zu zusammenzucken, deutlich machen, dass jede normale Bewegung Mühe macht.

Manipulation ist ein Gesamtkunstwerk

Und man sollte beachten: Alle Botschaften, also verbale, paraverbale und nonverbale, sollten *zusammenpassen*, einander ergänzen und einander verstärken! Als Manipulator sollten Sie sich klarmachen: *Manipulation ist ein Gesamtkunstwerk!* Sie sollten also an den *richtigen* Stellen Ihrer verbalen Aussage stöhnen (bei »Rücken-*Schmerzen*«), und das Stöhnen sollte zu Ihrem Gesichtsausdruck passen und zu dem Zucken in Ihrem Rücken! Und nicht vergessen: Inkonsistenzen sind verräterisch, also sollte Ihnen ein solcher Fehler besser nicht unterlaufen!

4.3 Kompetenzen

Was Sie sicher unschwer erkennen können: *Eine gute Manipulation ist sehr anspruchsvoll.* Um wirklich wirksam manipulieren zu können, benötigt man *Kompetenzen;* fehlen einem diese, werden Manipulationen schnell erbärmlich und lächerlich.

Zunächst benötigt man *Handlungskompetenzen*: Natürlich spielen hier vor allem soziale Kompetenzen eine wesentliche Rolle (Hinsch & Wittmann 2003; Hollin & Trower 1986; Merkle 2001; Pfingsten 1984, 2007). Man benötigt Handlungsstrategien, also vorhandenes Wissen über Strategien, das man schnell abrufen und nutzen kann. Dabei sollte man

- möglichst über *viele alternative Strategien* verfügen, die man u. U. parallel, aber auch abwechselnd einsetzen kann (umso eher kann man ein »Gesamtkunstwerk« realisieren);
- über möglichst *flexible* Strategien verfügen, also über solche, die man je nach Erfordernissen anpassen, modifizieren und elaborieren kann.

Verfügt man über solche hohe Kompetenzen,
- dann verwendet man abwechselnd mehrere Strategien, wodurch ein IP u. U. nur schwer erkennen kann, dass er manipuliert wird;
- dann verwendet man mehrere Strategien gleichzeitig, wodurch ein konsistenter Eindruck entsteht, der auf einen IP recht überzeugend wirkt;
- dann kann man sich auch auf ungewöhnliche Reaktionen eines IP und neue Kontexte gut einstellen, gerät also selten in Schwierigkeiten.

Eine andere wichtige Kompetenz nennen wir *Verarbeitungskompetenz* (Förstl 2007; Sachse 1993): Verarbeitungskompetenz bedeutet, dass man in der Lage ist, einen IP schnell und zuverlässig einzuschätzen, also zu erkennen,
- welche Vorlieben und Abneigungen er hat – um zu wissen, auf welche Strategien er positiv reagieren wird und welche Strategien ihn abschrecken;
- welche Motive, Ziele und Werte er hat – um zu wissen, *wo* man ihn »packen« kann, also wozu man ihn bewegen kann;
- welche Normen er hat, also zu wissen, wozu er sich verpflichtet fühlt, was er selbst von sich erwartet – um zu wissen, wie man ihn verpflichten und »erpressen« kann;
- wie gut, wie leicht und wie lange er sich manipulieren lässt – um eventuell vorsichtig zu sein und den Bogen nicht zu überspannen.

Durch solche Verarbeitungskompetenzen kann man z. B. feststellen,

- ob sich ein IP manipulieren lassen wird oder nicht; also kann man einen IP genau danach auswählen und so »Fehlschläge« vermeiden; auf diese Weise stellt man dann auch sicher, dass manipulative Handlungen immer auch (zuerst) erfolgreich sein werden;
- worauf ein IP anspringt, um genau die richtige Strategie zu wählen, die zum Ziel führt;
- worauf ein IP »allergisch« reagiert, sodass man genau die Strategien vermeiden kann, auf die er negativ reagiert.

4.4 Kapazitäten

Manipulation ist schwierig

Was man auch erkennen kann: Manipulative Strategien sind für den Manipulator immer schwierig, denn der Manipulator muss ja seine eigenen Absichten tarnen; also muss er immer darauf achten, dass diese nicht doch (unabsichtlich) deutlich werden. Um Images zu produzieren, muss er Informationen gezielt platzieren, und er muss andere Information kontrollieren; also muss er aufpassen und die Wirkungen seines Handelns beobachten. Da er Absichten vortäuscht, Storys erfindet, Images entwickelt usw., baut er ein (mehr oder weniger komplexes) Fantasiegebäude auf: Er muss dann darauf achten, dass es in sich stimmig ist, er muss behalten, was er einmal behauptet hat usw.

Manipulationen sind daher kapazitätsaufwendig: Man muss sich konzentrieren, viele Aspekte beachten und bedenken, wenn die Manipulation »nicht auffliegen soll«. Daher ist Manipulation auch anstrengend – und sie ist von der Person so gut wie nie völlig konsequent durchzuhalten! Auf diesen Aspekt komme ich noch zurück (Dutton 2012).

4.5 Manipulative Strategien

Strategien

Als *Strategien* bezeichnet man im Allgemeinen komplexere Handlungsmuster: Mehrere Handlungen werden kombiniert, um als Ganzes ein Ziel (oder mehrere Ziele) zu erreichen. Bei manipulativen Strategien werden mehrere Images und meist auch mehrere Appelle miteinander kombiniert, um ein interaktionelles Ziel (oder mehrere) zu erreichen.

Manipulative Strategien (und natürlich auch einzelne Images und Appelle) kann man in zwei Klassen einteilen:

- positive Strategien und
- negative Strategien.

> **Positive Strategien**
> Positive Strategien sind solche, die über das Motivsystem eines IP manipulieren: Der Manipulator veranlasst dabei den Interaktionspartner, etwas zu tun, was dieser zwar jetzt nicht tun will, was er aber prinzipiell tun würde oder gerne tut und was er prinzipiell als angenehm empfinden kann.

Eine positive Strategie ist z. B. »Unterhaltsam sein«: Eine Person erzählt eine spannende Geschichte und veranlasst den IP damit, ihr Aufmerksamkeit und Bewunderung zu geben. Eigentlich will der IP die Geschichte zur Zeit gar nicht hören – aber dennoch empfindet er sie als spannend und unterhaltsam. Die Manipulation spricht damit Motive und Ziele beim IP an und erzeugt zunächst einmal positive Affekte.

> **Negative Strategien**
> Negative Strategien sind solche, die über das Normsystem eines IP manipulieren: Die Manipulation veranlasst den IP, sich zu der Handlung »verpflichtet zu fühlen«, zu denken, dass alternatives Handeln ungerechtfertigt, unmoralisch, nicht vertretbar sei: Der IP fühlt sich daher »zum Handeln gezwungen«.

Alle Manipulationen über »Symptom-Produktionen« sind z. B. negative Strategien: Wenn ich Kopfschmerzen oder Rückenschmerzen simuliere, um meinen Partner zu veranlassen, seine Poker-Runde abzusagen, dann bleibt er nicht zu Hause, weil ihm das Spaß macht; denn Spaß machen würde ihm die Poker-Runde. Vielmehr bleibt er zu Hause, weil er die Norm verinnerlicht hat: »Einen kranken Partner lässt man nicht im Stich.« Und wenn er diese Norm verletzen würde, hätte er ein »schlechtes Gewissen«. Also bleibt er zu Hause, weil er sich verpflichtet fühlt. Die Manipulation spricht damit Normen des IP an, und sie erzeugt eher negative Affekte.

- **Auswirkungen von positiven und negativen Strategien**

Der *Vorteil* positiver Strategien liegt darin, dass sie keine unmittelbaren negativen Affekte auslösen: Der IP ist daher lange Zeit nicht durch die Strategien verärgert. Erst dann, wenn er sich ausgenutzt fühlt oder wenn er die Manipulation durchschaut, kann er »sauer« werden. Das bedeutet: Positive Strategien sind nur wenig »inter-

Vor- und Nachteile positiver Strategien

aktionstoxisch«, d. h., sie wirken sich kaum (direkt) schädigend auf Beziehungen aus.

Positive Strategien haben den *Nachteil*, dass sie einen eher geringen »Impact« haben: Ein IP kann ihnen folgen, er muss es aber nicht; er kann sich prinzipiell auch gegen die entsprechende Handlung entscheiden, wenn er dies wirklich will (denn dies hat meist keine großen negativen Folgen).

Vor- und Nachteile negativer Strategien

Der *Vorteil* negativer Strategien liegt darin, dass sie einen hohen »Impact« haben: Sie wirken meist sehr zwingend; IP können sich nur schwer dagegen wehren und die geforderte Handlung kaum verweigern (und zwar umso weniger, je stärker sie ein »schlechtes Gewissen« bei einer Verweigerung hätten).

Der Nachteil ist aber, dass genau dies die IP schnell sauer macht: Sie fühlen sich sehr schnell ausgenutzt, zu kurz gekommen oder manipuliert. Das bedeutet: *Negative Strategien sind hoch interaktionstoxisch*!

Folgende (Aktionen und) Strategien zielen darauf ab, den IP ein »schlechtes Gewissen« zu machen, die IP gewissermaßen »zu erpressen«:
- Symptome produzieren,
- kritisieren,
- unter Druck setzen,
- drohen,
- nörgeln (dauerhaft und auch »unterschwellig« kritisieren – eine besonders toxische Vorgehensweise),
- nachtragend sein etc.

> **Erfolgreiche Manipulation**
>
> Hohe Handlungskompetenz bedeutet in diesem Zusammenhang, über beide Arten von Strategien verfügen zu können:
> - Man verwendet meist positive Strategien, weil diese wenig Kosten erzeugen und den IP »bei Laune halten«.
> - Aber falls eine positive Strategie »nicht sticht«, kann man immer noch auf eine negative ausweichen, um ein Ziel zu erreichen.
>
> Folgt man einer solchen Regel, dann kann man ein erfolgreicher Manipulator werden: Man schafft es meist, Interaktionspartner zu entsprechenden Handlungen zu veranlassen, aber immer so, dass diese nicht (schnell) sauer werden und man die Beziehung nie ernsthaft gefährdet: Man verfügt über eine »flexible Response« und über ein Repertoire möglicher Eskalationsstufen.

4.5 · Manipulative Strategien

Verwendet man jedoch *nur negative Strategien* (oder überzieht man die Manipulationen), dann wird man zu einem *erfolglosen Manipulator*: Man versucht es immer wieder, andere zu manipulieren, fällt damit aber immer wieder und auch recht schnell »auf die Schnauze«, jedoch ohne von der erfolglosen Strategie abzulassen. Im Ernstfall vertreibt man alle Interaktionspartner aus seinem Umfeld, bringt sie dazu, galaktische Bögen um einen zu machen und wird irgendwann komplett sozial isoliert: Die wenigen IP, die man noch hat, sind dann »Professionelle«: der Hausarzt, der Neurologe, der Psychologe und der Pfarrer. Man unterscheidet heute zwischen erfolgreichen und erfolglosen Psychopathen (Dutton 2012; Roth & Strüber 2009), erfolgreichen und erfolglosen Narzissten (Sachse et al. 2011) und Histrionikern (Sachse et al. 2012).

Erfolglose Manipulation

Interaktionsspiele

5.1	Der Begriff »Spiel« – 38	

5.2 Attraktivitätsspiele – 39
5.2.1 Das Spiel »Mords-Molly« – 39
5.2.2 Das Spiel »Attraktivität« – 40
5.2.3 Das Spiel »Sexy sein« – 41
5.2.4 Das Spiel »Unterhaltsam sein« – 42

5.3 Arme-Schweine-Spiele – 43
5.3.1 Das Spiel »Armes Schwein« – 43
5.3.2 Das Spiel »Heroisches armes Schwein« – 46

5.4 Opfer-Spiele – 46
5.4.1 Das Spiel »Opfer der Umstände oder anderer Personen« – 47
5.4.2 Sabotage-Strategien – 50
5.4.3 Das Spiel »Märtyrer« – 51
5.4.4 Das Spiel »Immer ich« – 51
5.4.5 Mobbing – 53

5.5 Regel-Setzer-Spiele – 54
5.5.1 Das Spiel »Regel-Setzer« – 54
5.5.2 Das Spiel »Moses« – 57
5.5.3 Das Spiel »Dornröschen« – 59
5.5.4 Das Spiel »Distanz halten« – 60

5.6 Blöd-Spiele – 61
5.6.1 Das Blöd-Spiel – 61
5.6.2 Das Spiel »Entscheidungen abgeben« – 63

> Die ganze Welt ist eine Bühne – aber das Stück ist schlecht besetzt.
> Oscar Wilde (Lord Arthur Saviles Verbrechen)

5.1 Der Begriff »Spiel«

Komplexe manipulative Strategien wurden zum ersten Mal von Berne (1961, 1970) beschrieben; er nannte diese manipulativen Strategien »Spiele« – und zwar, weil sie intransparent sind, weil sie dazu dienen, einen Interaktionspartner (IP) »auszutricksen« und weil sie sich von authentischer, alltäglicher Kommunikation unterscheiden.

Inzwischen hat sich der Begriff »Spiel« oder »Game« weitgehend durchgesetzt, sodass ich ihn hier auch verwenden möchte: Ich möchte eine komplexere manipulative Strategie als *Spiel* bezeichnen, um damit deutlich zu machen, dass diese Strategie alle oben genannten Kriterien der Manipulation erfüllt (Tedeschi et al. 1985).

> **Interaktionsspiel**
> Ein Spiel oder Interaktionsspiel ist
> - eine komplexe manipulative Strategie, die zur Erreichung bestimmter interaktioneller Ziele dient und die aus einer Anzahl von Images und Appellen besteht;
> - eine Strategie, die die Person im Laufe ihres Lebens gelernt hat und die sie im Laufe ihrer Biografie elaboriert, verfeinert, ausgefeilt haben kann;
> - eine Strategie, die die Person schon sehr lange spielt und die sie deshalb schon ziemlich automatisiert spielen kann: Sie muss sich meist nicht mehr dazu entscheiden, das Spiel zu spielen, oft kann sie gar nicht mehr anders (daher hat man manchmal auch den Eindruck, »das Spiel spielt die Person und nicht umgekehrt!);
> - eine Strategie, die die Person auch über weite Strecken und in komplexen Situationen automatisiert spielen kann;
> - eine Strategie, die so lange funktioniert hat, dass die Person davon überzeugt ist, dass sie gut und unproblematisch ist – dadurch ändert sie die Strategie auch nicht, egal welche Kosten diese erzeugen mag.

5.2 Attraktivitätsspiele

Attraktivitätsspiele sind solche, *bei denen sich eine Person besonders gut darstellen will:* Sie will mithilfe solcher Spiele in besonders gutem Licht dastehen, sie will dadurch vor allem Anerkennung, Aufmerksamkeit, Bewunderung bekommen, sie kann die Spiele aber auch zur Erreichung aller anderen Zwecke einsetzen.

5.2.1 Das Spiel »Mords-Molly«

Das Spiel »Mords-Molly« ist ein Angeber-Spiel: Das Spiel dient dazu, sich selbst als Person im bestmöglichen Licht darzustellen: mit herausragend positiven und herausragend wenig bis gar keinen negativen Eigenschaften. Das Mords-Molly-Spiel ist besonders bei Personen mit narzisstischem Persönlichkeitsstil beliebt (Sachse 2002, 2004a, 2004c, 2006b, 2008; Sachse et al. 2011).

Angeber-Spiel

Die Person schildert sich selbst so,

Spielkomponenten

- dass sie außergewöhnlich intelligent ist: Sie hat tolle Schulnoten, hohe IQ-Testwerte, ist Mitglied im »Mensa-Club« etc.;
- dass sie außergewöhnlich gebildet ist: Sie verwendet lateinische Zitate, Fremdwörter, macht lange Ausführungen zu verschiedenen Themen, um ihre »Belesenheit« zu demonstrieren etc.;
- dass sie außergewöhnliche Vorlieben hat: Sie interessiert sich nur für »angesagte« Künstler, sieht nur »Autoren-Filme« (und keine Hollywood-Schinken), besucht »In-Lokale«, hört nur Klassik, findet das MOMA »außergewöhnlich« etc.;
- dass sie extrem weltgewandt ist: Sie war schon vier Mal in New York, kennt San Francisco »wie ihre Westentasche« und hält Vancouver für »provinziell«;
- dass sie sehr erfolgreich ist: Sie besitzt einen Mercedes, eine Rolex, ein Ferienhaus auf Sylt, fliegt erster Klasse, übernachtet in San Francisco etc.;
- dass sie wichtige Leute kennt: Sie spielt Tennis mit dem Oberbürgermeister und Golf mit dem Stadtrat, sie duzt sich mit einem Professor und ist Mitglied im Lions-Club.

Solche Personen spielen mit anderen auch das »Höher-schneller-weiter-Spiel« – oder auch »Mein Haus, mein Pferd, mein Boot«! Äußert jemand (beiläufig), sein Haus habe 300.000 Euro gekostet, sagt diese Person, sie habe gerade ein Ferienhaus günstig (!) für diesen Preis bekommen; sagt jemand, er habe einen neuen Benz geordert, dann kontert sie, dass sie gerade seinen Oldtimer für 150.000 Euro verkauft habe – weil er zu unbequem geworden sei.

Höher – schneller – weiter

Natürlich kann man das exakt gleiche Spiel auch auf niedrigerem Niveau spielen: Dann sind die Angebereien weniger drastisch, das Prinzip bleibt aber das gleiche. Ziel des Spiels ist es,
- Anerkennung für positive Eigenschaften zu bekommen,
- andere zu beeindrucken,
- im Vergleich besser abzuschneiden, also zu »gewinnen« und
- damit andere von Kritik, unangenehmen Fragen und Zweifeln abzuhalten.

Abwertung anderer

Die eher negative Variante des Spiels besteht darin, sich selbst dadurch zu erhöhen, indem man andere abwertet: Dies kann man besonders gut spielen, wenn man glaubt, man habe eher wenig zu bieten, oder wenn andere »bedrohlich gut« sind. Dann können solche Personen Gründe dagegen finden, indem sie äußern,
- dass andere ihr Geld ja nur geerbt, also nicht wirklich verdient hätten;
- dass andere in Wahrheit ja gar nicht so gut seien, wie sie immer behaupten;
- dass andere tatsächlich ja gar kein Niveau hätten (»Sie stammen aus der Arbeiterklasse, das sieht man ihnen ja schon an«);
- dass andere unmoralisch seien (»Wer weiß, wie der sein Geld gemacht hat«) usw.

Diese Variante des Spiels ist potenziell gefährlich, denn spielt man es in hohem Ausmaß, outet man sich damit als missgünstig, neidisch, hinterhältig; und man setzt sich dem Verdacht aus, selbst nicht viel Positives bieten zu können: Diese Spielvariante kann schnell nach hinten losgehen!

5.2.2 Das Spiel »Attraktivität«

Eine Person kann schlicht und einfach attraktiv sein: In dem Fall muss sie nicht extra etwas dafür tun, um als attraktiv wahrgenommen zu werden. Glaubt sie selbst aber nicht daran, dass sie als Person (ausreichend) attraktiv ist, oder glaubt sie nicht, dass sie als Person (ausreichend) Aufmerksamkeit erhält, dann kann sie *Attraktivität als Spiel* spielen.

In diesem Fall tut sie bewusst (sehr) viel dafür, sich attraktiv zu machen; sie demonstriert (bei den verschiedensten Gelegenheiten) ihre Attraktivität – und damit veranlasst sie dann IP dazu, ihr Aufmerksamkeit zu geben, ihr Bewunderung oder Anerkennung zu zollen, egal, ob diese das eigentlich wollen oder nicht.

5.2 · Attraktivitätsspiele

Diese Spiele sind beliebte Spiele für Personen mit histrionischem Persönlichkeitsstil (Sachse 2002, 2004a, 2007b, 2008; Sachse et al. 2012).

Eine solche Person stellt Attraktivität (aufwendig) her:
- Sie versucht, sich in besonderer Weise zu kleiden: besonders elegant, besonders teuer, besonders auffällig, besonders extravagant etc.
- Sie versucht, besondere Körpermerkmale zu schaffen: einen besonderen Haarschnitt, eine auffällige Haarfarbe, besondere Bräune; man versucht, besonders schlank zu sein, seinen Brustumfang zu vergrößern etc.
- Sie behängt sich mit besonderem Schmuck, verwendet auffällige Piercings.
- Sie versucht, alle Aspekte des Aussehens besonders gut aufeinander abzustimmen.
- Sie versucht, durch einen besonderen Gang aufzufallen – oder durch auffällige Gesten, Augenaufschlag, Körperhaltung etc.

Herstellen von Attraktivität

Wenn es ein Spiel ist, dann ist es auch aufwendig: Es erfordert Zeit, Mühe, meist auch Geld. Man investiert viel Energie in dieses Spiel, und man ist sehr darauf konzentriert, wie man abschneidet. Also beobachtet man alle möglichen Konkurrenten sehr genau und ist persönlich gekränkt, wenn jemand mehr Aufmerksamkeit auf sich zieht.

Man muss in diesem Zusammenhang allerdings sagen, dass Faktoren der *Kompetenz* eine wesentliche Rolle spielen: Man kann sich attraktiv machen in einer Weise, dass man elegant, gepflegt, souverän oder einfach »gut« aussieht (und entsprechend Bewunderung oder Neid einfährt); oder man kann sich so »aufbrezeln«, dass man als »Professionelle« erscheint – was einem zwar Aufmerksamkeit, keinesfalls jedoch Bewunderung einbringt.

Kompetenzen

5.2.3 Das Spiel »Sexy sein«

Das Spiel »Sexy sein« ist eine besondere Unterform des Attraktivitätsspiels: Vor allem erfolglose Histrioniker spielen oft dieses Spiel (Sachse 2004b, 2013). In diesem Fall betont man solche Reize, die sexy, verführerisch, »lasziv« etc. wirken: tiefe Ausschnitte, kurze Röcke, enge Kleidung, »auffordernde Blicke«, mit der Zunge über die Lippen lecken, entsprechende Stimmlage und Betonungssequenz etc. Man tauscht »tiefe Blicke« mit einem Interaktionspartner, man flirtet »was das Zeug hält«, man macht zweideutige Bemerkungen, man zeigt Interesse am Interaktionspartner, »versehent-

Strategie-Komponenten

lich« kann dann das Kleid zu hoch rutschen, ja, man bückt sich unbedachterweise so, dass der Interaktionspartner tiefe Einblicke gewinnen kann etc.

Interaktionspartnern ist meist nicht klar, dass es bei diesem Spiel vor allem um Wichtigkeit geht: Man will vor allem Aufmerksamkeit und Bewunderung; wenn jemand erregt wird, hat man das Gefühl, extrem begehrenswert und damit wichtig zu sein. Bei diesem Spiel geht es vor allem bis ausschließlich um *diesen* Kick. Daher geht es meist gar nicht um Sex: Die Person will sich gar nicht auf den IP einlassen, sie will gar keinen Sex mit ihm; das »Versprechen« dient nur dazu, die Interaktion »anzuheizen«, es bleibt aber meist »leer« (was IP immer wieder frustriert).

5.2.4 Das Spiel »Unterhaltsam sein«

Das Spiel »Unterhaltsam sein« dient den gleichen Zielen wie das Spiel »Attraktivität«: Das Ziel ist, Aufmerksamkeit und Bewunderung zu erlangen. Man will für andere wichtig sein, als etwas Besonderes wahrgenommen werden, als jemand, »der im Gedächtnis bleibt«.

Sich »in Szene setzen«

»Unterhaltsam sein« bedeutet, dass man sich selbst und Inhalte so präsentieren kann, dass andere es spannend finden, gerne hingucken und zuhören, »gebannt« sind: Hier kann man einmal Inhalte *produzieren*, die besonders spannend sind, wobei man sich natürlich nicht auf »wahre« Gegebenheiten beschränken muss, sondern auch komplett erfundene Geschichten präsentieren kann (denn es geht natürlich nicht um »Wahrheit«, es geht nur um den Effekt). Man kann aber auch die Fähigkeit haben, relativ triviale Inhalte so »in Szene zu setzen«, dass sie spannend wirken: Man wird sie nicht einfach »erzählen«, sondern »inszenieren«. Man »spielt« die Inhalte – durch Betonung, Gestik, Körperhaltung – und »erweckt sie so zum Leben«. Die Person wird damit zu einem perfekten »Entertainer«. Auf diese Weise kann man die Aufmerksamkeit aller Partygäste auf sich vereinen und zum Mittelpunkt der Party werden.

Die Person kann jedoch auch jeden Small Talk zu einem Erlebnis machen: Während der IP der Person zuhört, hat er den Eindruck, es sei alles spannend und aufregend. Denkt der IP später jedoch noch einmal über die Story nach, dann denkt er: »Wie langweilig!«

5.3 Arme-Schweine-Spiele

Bei diesen Spielen geht es genau um das Gegenteil von Attraktivität: Die Person will als besonders schwach, hilflos, leidend usw. gesehen werden. Sie baut diese Images auf, um von IP in besonderem Maße Fürsorge, Hilfe und Unterstützung zu erhalten.

5.3.1 Das Spiel »Armes Schwein«

Zugegeben, die Bezeichnung des Spiels ist etwas respektlos, sie ist aber bewusst so gewählt, um den Beobachtern eine Abgrenzung gegen dieses Spiel zu ermöglichen: Denn dieses Spiel wirkt (wenn es gut gespielt wird) auf Interaktionspartner sehr zwingend und ist damit *hoch manipulativ*; eine Abgrenzung dagegen ist oft nicht leicht. Daher ist eine humorvoll-respektlose Bezeichnung eine Hilfe, um sich nicht in das Spiel verwickeln zu lassen.

Ziele des Spiels sind: *Ziele*
- Aufmerksamkeit zu erlangen,
- im Mittelpunkt zu stehen,
- andere zu veranlassen, sich zu *kümmern* oder Verantwortung zu übernehmen,
- andere an sich zu binden,
- sich vor unangenehmen Aufgaben zu drücken.

Der Kern des Spiels besteht darin, dass die Person sich als (stark) problembeladen und damit als (sehr) *leidend* darstellt; als hilflos, den Problemen ausgeliefert und damit als (extrem) hilfsbedürftig. Zentrale Image-Komponenten sind: *Zentrale Komponenten*
- Die Person stellt sich so dar, dass sie (besonders) arm dran ist und (sehr) unter starken Belastungen, Problemen, Schmerzen, Ängsten, Depressionen leidet. Hier kann die Person kann das *gesamte ICD* zu Rate ziehen, um Probleme zu erzeugen: Rückenschmerzen, Herzprobleme, Darm-Probleme, Rheuma, »Fibromyalgie«, Ängste, Panik, Zwänge, Depressionen etc. – oder alle möglichen Kombinationen daraus.
- Die Person macht deutlich, dass sie mehr und stärker leidet als andere, dass sie besonders hartnäckige, langwierige Probleme hat: Die Ausschmückung wird nur durch die eigene Kreativität begrenzt.
- Das Leiden und das Ausmaß des Leidens kann dabei *dramatisch dargestellt* werden: verbal (in ausführlichen und ausdrucksstarken Schilderungen), paraverbal (mit entsprechender Betonung, mit dramatischen Pausen, »angehauch- *Dramatische Darstellung*

ten Konsonanten« wie: »Ich weiß nicht, wie lange ich noch hhhhier bin«), nonverbal (durch Körperhaltung, Mimik, Gestik wie: Die Hand langsam zur Stirn führen, die Handfläche nach außen, den Körper dabei leicht zurückbeugen). Man muss sich hier klarmachen: Die »Dramatik-Skala« ist nach oben offen. Sehr gut ist eine Inszenierung als »Gesamtkunstwerk«: Verbale, paraverbale und nonverbale Darstellungen sind aufeinander abgestimmt und ergänzen einander. Damit kann die Person auch ausdrücken, dass sie »das Leiden nicht mehr aushalten kann«, »es nicht länger erträgt« etc.

Hilflosigkeit
- Die Person macht deutlich, dass sie den Problemen selbst *hilflos* gegenübersteht und ihnen ausgeliefert ist: Sie würde ja gerne etwas dagegen tun, aber sie kann nicht; sie würde ihren Interaktionspartnern ja gerne die Mühe ersparen, aber das Leiden ist leider zu stark; alle bisherigen Lösungsversuche sind gescheitert, ja, haben das Problem sogar noch verschlimmert, die Person weiß keinen Rat mehr, und der Schluss ist: »Es ist besser, gar nichts zu tun und sich in sein Schicksal zu ergeben.«

»Ich kann nicht«
- Aus der Tatsache, dass die Person leidet und sie den Zustand kaum noch aushalten kann, dass sie sehr gerne selbst etwas tun würde, es aber nicht kann und damit ihren Problemen ausgeliefert ist, folgt messerscharf, dass nun andere die Verantwortung übernehmen und die Initiative ergreifen müssen: Nur andere können die Person »retten« – und wenn sie nicht völlig herzlos sind, dann werden sie das natürlich auch tun.

Helfer
Diese Strategie zielt stark auf ein »Helfer-Syndrom« eines IP: Personen, die gerne helfen, die sich schlecht abgrenzen können oder die Leiden nicht mit ansehen können, reagieren stark auf solche Strategien. Die Darstellung zeigt ja, wie intensiv und wie lange die Person schon leidet. Es muss ihr daher dringend und schnell geholfen werden; und da die Person gerne selbst die Verantwortung übernehmen würde, dies aber leider nicht kann, ist es nur fair, jetzt die Verantwortung für sie zu übernehmen (denn sie kann ja nichts für ihren Zustand).

Nun muss der IP übernehmen: Er muss sich kräftig anstrengen (was manche IP auch noch als »Herausforderung« ansehen nach dem Motto: »Das schaffe ich schon, wäre doch gelacht!«). Denn das Problem ist sehr schwierig und erfordert besondere Lösungen.

Dilemma
Gleichzeitig gerät der Helfer (also der IP) aber schnell in ein Dilemma:
- Einerseits muss er schnell und effektiv handeln, also muss er der Person schnell gute Lösungen anbieten.

5.3 · Arme-Schweine-Spiele

- Andererseits muss er aber auch vorsichtig sein, denn falsche Lösungen können das Problem schnell verschlimmern – und das darf auf keinen Fall passieren!
- Und der Helfer muss insgesamt sehr schonend und behutsam mit der Person umgehen, denn diese ist ja schon »bis an die Kante belastet«; daher muss jede weitere Belastung vermieden werden (also sollte nicht nach der Devise vorgegangen werden: »Gestern standen wir noch am Rande des Abgrundes, aber heute sind wir schon einen Schritt weiter«).

Damit geraten IP hier oft in eine »Double-bind-Falle«:

- Die Person signalisiert einerseits: Tu etwas, und tu es schnell!
- Die Person signalisiert aber andererseits: Belaste mich nicht, stell keine Anforderungen, verlange nichts von mir!

Double-bind-Falle

Der IP soll also das Problem lösen, ohne dass sich die Person anstrengen muss, ohne dass sie sich den Problemen stellen und sie angehen muss. Diese Aufgabe könnte der IP aber nur erfüllen, wenn er über die Kräfte Merlins *und* Gandalfs verfügen würde. Da er dies aber nicht tut, wird er oft selbst hilflos, und auf die Dauer kann er dann frustriert und ärgerlich werden.

Manchmal führt das Spiel dazu, dass IP sich nicht nur hilflos fühlen, sondern sich »verarscht« vorkommen, da die Person keine Hilfestellung umsetzt und keinen Rat annimmt: Dann können die IP (sehr) ärgerlich werden und sich von der Person abwenden, wodurch das Spiel längerfristig exakt das Gegenteil von dem erreicht, was es erreichen soll.

Auf der Seite der spielenden Person erkennt man, dass dieses Spiel einen Aspekt der »Lageorientierung« aufweist: Die Person beschäftigt sich stark und ausschließlich mit Aspekten des Problems, der Hilflosigkeit, des Leidens etc. Sie beschäftigt sich jedoch *in keiner Weise* damit, was sie tun oder ändern könnte. Das darf sie natürlich auch nicht, denn das würde ihre eigenen Ziele sabotieren (denn wenn sie selbst etwas tun könnte, könnte sie andere nicht mehr wirksam »einspannen«).

Wer hilflos erscheinen will, der sollte nicht aktiv und handlungsorientiert erscheinen, ansonsten macht er sich unglaubwürdig. Das bedeutet aber: Wer hilflos erscheinen will, setzt sich der Gefahr aus, selbst hilflos zu *werden*. Und hier sind keineswegs des Schicksals dunkle Mächte im Spiel, sondern die Person produziert schlicht eine selbsterfüllende Prophezeiung.

Das Spiel »Armes Schwein« ist im Wesentlichen also ein Jammer-Spiel: Man gewinnt stark den Eindruck, dass die Person mit dem Hintern auf einem spitzen Stein sitzt und darüber jammert,

Jammer-Spiel

wie weh ihr der Hintern tut, ohne diesen jedoch (einfach!) hochzunehmen.

Das ist wieder schnell interaktionstoxisch: Die IP werden schnell frustriert, genervt und wenden sich von der Person ab, was aber natürlich die Tendenz der Person zu jammern noch stark verstärkt.

Wenn man das Spiel effektiv spielen will, dann darf man immer *nur wenige Komponenten davon relativ kurz spielen;* und das auch nur dann, wenn man keine andere Wahl hat. Spielt man das Spiel »volle Kanne«, dann wird man mit sehr hoher Wahrscheinlichkeit zu einem »erfolglosen Manipulator«.

5.3.2 Das Spiel »Heroisches armes Schwein«

In diesem Spiel wird das Spiel »Armes Schwein« noch um eine Komponente bereichert. Auch hier macht die Person deutlich, dass sie leidet, dass sie stark »gebeutelt« ist usw. Sie nutzt dies jedoch, um nicht nur Aufmerksamkeit, Unterstützung und »Kümmern« zu evozieren, sondern auch, um Bewunderung zu erhalten. Also macht sie nun auch noch deutlich,

- dass sie trotz allen Leidens die Probleme (stoisch) erträgt;
- dass sie sich trotz aller Schmerzen nicht unterkriegen lässt;
- dass sie mit dem Leben trotz aller geballten Katastrophen fertig geworden ist;
- dass sie sich »durchgebissen«, »durchgeschlagen« hat;
- dass sie zäh und standhaft geblieben ist, obwohl ihr Zustand extrem belastend war.

Dies verdient wahrhaft die Bezeichnung »heroisch«.

Es ist klar, dass diese Spielkomponente auf Bewunderung abzielt: Man soll der Person Respekt zollen, ihre »Zähigkeit« und Standhaftigkeit bewundern und so auch einen gewissen Ausgleich für die Benachteiligung schaffen. Dass dies aber auf die Dauer klappt, ist mehr als zweifelhaft: Es ist relativ schwierig, jemanden zu veranlassen, eine Person für die Bewältigung selbst erzeugten Leidens zu bewundern!

5.4 Opfer-Spiele

Bei dieser Art von Spielen geht es vor allem darum, Verantwortung an Interaktionspartner abzugeben: Man will durch diese Spiele eigenes Versagen oder eigenes Nicht-Handeln rechtfertigen und damit »alle Schuld von sich weisen«. Opfer-Spiele werden vor allem von erfolglosen Narzissten gespielt (Sachse et al. 2011).

5.4.1 Das Spiel »Opfer der Umstände oder anderer Personen«

Das zentrale Ziel dieses Spiels ist es, Verantwortung abzugeben: zu verhindern, dass man für ein Scheitern, falsches Handeln, ungünstige Ergebnisse, die Verletzung anderer usw. die Verantwortung übernehmen muss.

Verantwortung abgeben

Die Person macht hier deutlich, dass sie selbst für ihr Handeln, die Effekte oder Auswirkungen ihres Handelns, aber auch für ihr Nicht-Handeln nichts kann. Aus ihrer Sicht sind dafür andere Faktoren verantwortlich: unglückliche Umstände oder aber andere Personen.

Dass die Person so geworden ist, wie sie heute ist, liegt an den Genen, den Eltern, den Lehrern; dass sie nicht erfolgreich ist, liegt daran, dass ihre Eltern sie zu wenig gefördert und ihre Lehrer sie zu viel gemobbt haben; dass sie sich falsch verhalten hat, liegt an ihrer Biografie oder ganz allgemein an »der Gesellschaft«. Die allgemeine Devise lautet: »Ich kann für gar nichts was – es sind immer die anderen und die Umstände!«

»Ich kann für gar nichts was«

Die Person macht auch deutlich,
- dass sie in ihrer Biografie nie eine Wahl hatte, dass sie nie selbst Entscheidungen getroffen hat oder treffen konnte;
- dass alles *zwangsläufig* war, dass andere oder Umstände alles entschieden und »die Weichen gestellt« haben;
- dass die negativen Effekte somit nicht auf sie zurückgehen und sie dafür nicht verantwortlich gemacht werden kann.

Das Spiel hat damit eine Reihe von Implikationen, denn die Person macht deutlich,
- dass ihr Leben oder wesentliche Aspekte ihres Lebens von anderen oder Umständen determiniert werden;
- dass sie dafür nichts kann;
- da sie diesen Umständen oder Personen ausgeliefert war und ihnen nicht gewachsen war/ist;
- dass dadurch ihre Probleme, Handlungen und Handlungsfolgen *zwangsläufig* bedingt sind;
- dass sie damit keine Wahl und keine Kontrolle hatte *und*
- dass sie auch jetzt keine Kontrolle hat.

Botschaften

Der Sinn des Spiels ist im Wesentlichen *Exkulpierung* (= ein Freimachen von Schuld): Der Interaktionspartner soll die Konstruktion bestätigen und die Person damit von jeder Verantwortung und damit von jeder Schuld freisprechen.

Gewinne

Der Gewinn ist dann zweierlei:
- Die Person kann aufhören, sich selbst Vorwürfe zu machen, und anfangen, selbst zu glauben, sie hätte nie Verantwortung gehabt.
- Die Person kann aufhören, sich zu rechtfertigen, da nun vom IP keine Vorwürfe, Anschuldigungen etc. mehr zu erwarten sind.

»Ich kann nicht – ich will nicht«

Eine beliebte Variante dieses Spiels ist der *Euphemismus »Ich kann nicht«*: Wenn jemand etwas nicht tun will, jedoch erwartet, dass eine solche Weigerung Kritik oder Unverständnis hervorrufen würde, dann kann er sein »Nicht-Wollen« als ein »Nicht-Können« tarnen: Also sagt er statt »Ich will nicht« einfach »Ich kann nicht«. Damit macht er für sein Nicht-Handeln aber »mangelnde Fähigkeiten« verantwortlich, für die er wiederum nichts kann. Er führt damit »Umstände« ins Feld: Zwar ist es bedauerlich, bestimmte Fähigkeiten nicht zu haben, im Augenblick ist es jedoch außerordentlich nützlich!

Persönlich denke ich, dass der Euphemismus »Ich kann nicht« bzw. »Ich will nicht« der beliebteste Euphemismus in diesem Teil des Universums ist.

Wenn eine Person eine Frage nicht beantworten will, kann sie dies auf »innere Probleme« zurückführen: »Wissen Sie, immer wenn mir jemand diese Frage stellt, tut sich ein schwarzes Loch auf, und ich weiß gar nichts mehr.« Was normale Interaktionen in astronomische Dimensionen führt.

Dieses Spiel ist (wie die meisten Spiele) äußerst zweischneidig: Einerseits können die Personen oft damit erreichen, dass sie nicht verantwortlich gemacht werden. Interaktionspartner sind durchaus eine Zeit lang bereit, ihnen »mildernde Umstände« zuzugestehen; wer sich durch das Spiel manipulieren lässt, kann der Person keinen Vorwurf machen und hat vielleicht sogar noch Mitleid.

Die Person kann nichts verändern

Andererseits hat diese Art von Spiel langfristig jedoch einen gravierenden, ja geradezu verheerenden Nachteil: *Eine Person, die keine Verantwortung für ihr Handeln übernimmt, kann auch nichts mehr verändern.*

Jede Art von Veränderung setzt voraus, dass man nicht nur erkennt, dass ein Zustand ungünstig, also veränderungsbedürftig ist; Veränderung als konkrete Handlung setzt auch voraus, dass man sich selbst als Verursacher des Zustands wahrnimmt, denn

5.4 · Opfer-Spiele

nur dann kann man erkennen, dass man den Zustand auch selbst verändern muss. Denn, wenn
- ich nichts für die Misere kann,
- wenn ich sie nicht verursacht habe und
- wenn ich auch nichts unter Kontrolle habe, *dann*
- kann ich logischerweise auch selbst gar nichts tun, um den Zustand zu verändern *und*
- ich sehe es auch nicht ein: Denn wenn »andere Schuld sind«, dann sollen *die* etwas tun!

Spielt die Person im Wesentlichen das Spiel »Opfer anderer Personen«, dann gibt es zwei Spielvarianten:
1. Schicksal,
2. intentionale Schädigung.

Bei der Variante »Schicksal« stellt die Person die Sachlage so dar, dass andere Personen sie zwar beeinträchtigt haben, dass diese das jedoch nicht mit Absicht taten. Die Beeinträchtigung war eher Zufall, ein »Kollateralschaden«, die anderen können selbst nichts dafür (und werden dann auch nicht dafür verantwortlich gemacht). Hier geht es also zentral um Exkulpierung, nicht um Beschuldigung: Die anderen haben eine Art »Statistenrolle« als »Träger der Verantwortung«.

»Schicksal«

Die Variante »intentionale Schädigung« ist dagegen deutlich aggressiver: Hier geht es der Person nicht nur um Exkulpierung, sondern auch (manchmal auch vorrangig) um Anschuldigung: Hier geht die Person davon aus, dass andere sie nicht nur behindert *haben*, sondern behindern *wollten*, dass andere die Person nicht nur beeinträchtigt haben, sondern dies in voller Absicht getan haben, es genossen haben etc. Und damit sendet die Person nicht nur den Appell: »Bestätige meine Sichtweise!« und: »Gib mir keine Verantwortung!«, sondern auch: »Solidarisiere dich mit mir gegen X!«

»Intentionale Schädigung«

Außerdem kann die Person aus dieser Variante des Spiels die Rechtfertigung ableiten, verärgert und aggressiv zu sein sowie andere »für ihr Vergehen zu strafen«: Sie kann sich so das Recht zusprechen, andere zu schädigen, sich »zu rächen« oder »Wiedergutmachung« zu verlangen.

Gerade diese Spielvariante führt stark dazu, selbsterfüllende Prophezeiungen zu erzeugen: Die Person glaubt, zu aggressivem Verhalten berechtigt zu sein, und verhält sich einem Interaktionspartner gegenüber aggressiv; dieser ist sich jedoch keiner Schuld bewusst und fühlt sich seinerseits schlecht behandelt; wird er weiterhin schlecht behandelt, fängt er seinerseits an, aggressiv zu

Selbsterfüllende Prophezeiung

handeln. Dies fasst die Person, die das Spiel spielt, jedoch als Bestätigung dafür auf, dass der IP »ihr etwas will«, und reagiert mit noch stärkerer Aggression: Damit schaukeln sich nicht nur die Probleme auf, sondern die Person fühlt sich auch durch die Interaktion in ihren Annahmen bestätigt; und dies wiederum verstärkt das Spiel!

5.4.2 Sabotage-Strategien

Mit Sabotage-Strategien beabsichtigt eine Person zweierlei:
- Sie will bestimmte Dinge, die von ihr erwartet oder verlangt werden, nicht tun.
- Sie will jedoch für das Nicht-Handeln *nicht* die Verantwortung übernehmen, da sie vermutet, dass ein Nicht-Handeln negative Konsequenzen nach sich ziehen würde.

Sabotage-Strategien werden insbesondere von Personen mit passiv-aggressivem Persönlichkeitsstil gespielt (Sachse, 2004b, 2013).

Strategie

Die Strategie, um diese beiden Ziele zu erreichen, besteht aus drei Teilen:
- Die Person, die einen Auftrag erhält (den sie nicht ausführen will), nimmt diesen zunächst anscheinend an: Sie äußert, dass sie den Auftrag ausführen wird, dass der Interaktionspartner sich darauf verlassen kann etc.
- Dann führt sie den Auftrag jedoch nicht aus: Damit tut sie dann genau das, was sie die ganze Zeit will: Sie sabotiert die Anweisung.
- Um aber nicht die Verantwortung für das Nicht-Handeln (sowie für die daraus resultierenden Konsequenzen) übernehmen zu müssen, wälzt sie die Verantwortung auf Umstände oder andere Personen ab.

Beispiel

So sagt z. B. der Chef: »Bitte erledigen Sie den Vorgang bis morgen Mittag!« Die Person sagt dann: »Selbstverständlich Chef, wird erledigt, Sie können sich auf mich verlassen.« Da die Person den Vorgang jedoch nicht erledigen will, setzt sie sich auch gar nicht dran und hat ihn deshalb am Mittag noch nicht einmal begonnen. Fragt der Chef dann nach dem Vorgang, will die Person jedoch nicht die Verantwortung für das Nicht-Erledigen übernehmen. Also sagt sie: »Wissen Sie was Chef, ich saß heute morgen schon ganz früh an dem Vorgang. Und da hat meine Frau angerufen. Was soll ich Ihnen sagen? Da ist sie doch tatsächlich von der Leiter gefallen! Natürlich musste ich mich sofort um sie kümmern!

Deshalb habe ich den ganzen Vormittag beim Arzt gesessen. Und deshalb konnte ich den Vorgang gar nicht bearbeiten. Tut mir total leid!«

5.4.3 Das Spiel »Märtyrer«

Das Spiel »Märtyrer« ist eine konsequente Fortsetzung des Spiels »Opfer der Umstände oder anderer Personen«. Das Spiel hat zwei Komponenten:
- Zunächst macht die Person deutlich, dass sie von anderen beeinträchtigt, geschädigt, ungerecht behandelt wird (häufig in der Variante »intentionale Schädigung«).
- Aber dann macht sie deutlich, dass sie den Intrigen trotzt: Trotz aller Beeinträchtigungen, Ungerechtigkeiten, Nachstellungen, Feindseligkeiten ist sie standhaft geblieben, hat sie etwas erreicht, hat sie viel vollbracht, hat sie ihre Ziele durchgesetzt etc.

Die Person macht deutlich,
- dass sie es mit enormen Widerständen und Widrigkeiten zu tun hatte,
- dass sie diesen jedoch getrotzt hat,
- aber nur unter enormen persönlichen Kosten, mit enormem persönlichen Leiden und einer enormen Leidensbereitschaft und Leidensfähigkeit.

Beliebt ist hier auch die Variante »Aufopferung«: »Ich habe mich für meine Kinder aufgeopfert: Ich habe alles für meine Kinder getan – und was ist der Dank?! Aber ich würde es wieder tun!«
  Ziele des Spiels sind:
- Aufmerksamkeit zu erhalten,
- andere zu veranlassen, sich zu kümmern,
- Mitleid zu erhalten,
- Bewunderung zu erlangen,
- anderen ein schlechtes Gewissen zu machen.

5.4.4 Das Spiel »Immer ich«

Das Spiel »Immer ich« ist eine Kombination von »Armes Schwein« und »Opfer«: Die Person will deutlich machen, dass sie vom Leben beeinträchtigt, betrogen und ungerecht behandelt wird.

Ziele

Ziele des Spiels sind:
- Aufmerksamkeit zu erhalten;
- andere zu veranlassen, sich zu kümmern, um selbst entlastet, versorgt und gepflegt zu werden sowie »Streicheleinheiten« zu erhalten;
- Verantwortung abzugeben.

Beispiele

Die Person macht Aussagen wie:
- »Immer wenn ich in die Stadt fahre, bekomme ich keinen Parkplatz.«
- »Im Restaurant bekomme immer ich das Essen als Letzter.«
- »Immer werde ich bei Beförderungen übergangen.«
- »Nie gewinne ich im Lotto.«
- »Nur mich haben die Behörden auf dem Kieker.«
- »Immer gibt der Chef mir die unangenehmen Aufgaben.«
- »Ich werde immer von Männern verlassen.«
- »Meine Geburtstage vergessen alle Leute.«
- »Ich stehe immer in der längsten Schlange.«
- »Immer passieren mir die Pannen.«
- »Wenn ich einmal zu schnell fahre, werde ich sofort erwischt.«

Systematische Benachteiligung

Die Person geht bei dem Spiel von der Annahme aus, in besonders hohem Maße von Personen oder Umständen beeinträchtigt, behindert, ignoriert, kritisiert und ungerecht behandelt zu werden: Aus irgendeinem (magischen) Grund ist die Person von solchen Ereignissen (weit) überzufällig häufig betroffen.

Die Person ist wegen dieser systematischen Benachteiligung extrem frustriert und geladen. Und sie hat auch allen Grund dazu! Deswegen kann und darf die Person auf neuerliche Beeinträchtigungen auch aggressiv reagieren oder sich darüber bei allen Interaktionspartnern wortreich beschweren!

Personen, die dieses Spiel spielen, machen oft andere Personen für Missstände verantwortlich, für die sie gar nichts können. So machte mich mal eine Klientin an der Universität in sehr aggressiver Weise dafür verantwortlich, dass man an der Universität keinen Parkplatz findet, dass die Räume schlecht gekennzeichnet sind und dass die Universität ein Labyrinth ist (was alles völlig zutreffend ist, jedoch nicht in meiner Verantwortung liegt).

Personen, die ein solches Spiel spielen, nehmen IP Dinge übel, die sie nicht zu verantworten haben; manchmal nehmen sie nicht einmal Entschuldigungen an, sondern »toben sich aggressiv aus«: Auch dadurch erzeugen sie wiederum in hohem Maß selbsterfüllende Prophezeiungen, denn wenn sie andere schlecht behandeln, dann werden sie meist nach einiger Zeit auch schlecht behandelt.

Personen, die dieses Spiel ausgeprägt spielen, sehen jedes einzelne Ereignis nicht mehr als einzelnes Ereignis; es ist vielmehr ein Kettenglied in einer ganzen, langen Kette von Frustrationen. Und damit erscheint es auch nicht mehr als das, was es ist: ein zufälliges Ereignis und ein solches, was jedem immer wieder zustößt und das damit zu einem normalen Alltag gehört. Für diese Personen ist jedes Ereignis ein Indiz für ein umfassendes System von Beeinträchtigungen.

Bei diesem Spiel werden IP stark mit *Forderungen* konfrontiert, die Frustrationen und Ungerechtigkeiten zu kompensieren, also die Person zu bedauern, zu bestätigen, ihr Arbeit abzunehmen, ihr »Gutes zu tun« usw. Dabei hat das Spiel die Tendenz, nach dem »devils principle« zu funktionieren: Gibt man der Person den kleinen Finger, nimmt sie die Fußnägel auch noch. Und dann sind IP irgendwann überfordert: Sie sind dann weder in der Lage noch willens, die Forderungen der Person zu erfüllen.

Forderungen

5.4.5 Mobbing

Natürlich kann es sein, dass eine Person wirklich ein Opfer der Missgunst oder der Bösartigkeit einer anderen Person wird und dafür nichts kann: Manchmal kann Mobbing eine Gemeinheit sein.

Aber Mobbing kann auch der Prototyp eines Opfer-Spiels sein: In dem Fall ist Mobbing ein ganz und gar interaktionelles Problem; zu Mobbing gehören *zwei* – zwei, die aufeinander reagieren, intrigieren, sich provozieren, sich ärgern usw., bis einer ausflippt und es offen knallt. Aber dann haben *beide* einen Anteil an dem Problem (vielleicht nicht in gleichem Ausmaß, aber jeweils doch in signifikantem Ausmaß!). Beide sind dann sowohl Opfer als auch Täter, und beide sollten sich vorrangig mit *ihrem* Anteil an der Problematik befassen.

Opfer-Spiel

Man kann hier aber sehr leicht ein Opfer-Spiel daraus machen, indem man behauptet,
- dass der andere einen geärgert, beeinträchtigt, behindert habe;
- dass der andere angefangen habe;
- dass man dessen Verhalten in gar keiner Weise provoziert oder herbeigeführt habe;
- dass man selbst nur die besten Absichten habe,
- dass man, leider ergebnislos, versucht habe, den Konflikt zu klären;
- dass man aber nun das Opfer sei;
- und dass einem daher nun allgemeine Unterstützung und Solidarität zustehe.

In aller Regel kommen mir bei solchen Storys die Tränen der Rührung – allerdings aufgrund einer Mischung aus Naivität und Unverfrorenheit!

5.5 Regel-Setzer-Spiele

Erwartungen an andere

Regel-Setzer-Spiele dienen dazu, anderen Personen »Vorschriften« zu machen, also *Erwartungen* an sie zu richten und ihnen deutlich zu machen, was sie (im Hinblick auf den Manipulator oder ganz allgemein) zu tun oder zu lassen haben. Dabei gibt der Manipulator als Grund, warum sie das tun sollten, jedoch nur an, dass »er es so will« oder »dass man es so tut«. Andere Gründe hält der Manipulator hier nicht für erforderlich. Regel-Setzer-Spiele werden von erfolgreichen und erfolglosen Histrionikern und Narzissten gespielt.

5.5.1 Das Spiel »Regel-Setzer«

Beim Spiel »Regel-Setzer« weist die Person eine (starke) Tendenz auf, soziale *Erwartungen* an andere Personen zu richten: Sie möchte anderen Personen vorschreiben, was sie zu tun haben und was sie nicht tun sollten. Dabei neigen die Manipulatoren dazu, diese Regeln zu »verkünden«; sie rechtfertigen sie kaum und meist nur »im Notfall«, sondern glauben meist, dass sie über die notwendige Autorität verfügen, um die Regeln durchzusetzen. Die Definition einer Regel ist damit keine Bitte, sie ist eher »ein Befehl«. Personen können dabei Regeln unterschiedlicher Art definieren, z. B.:
- Keiner hat mich zu behindern!
- Andere haben mich respektvoll zu behandeln!
- Ich erwarte von allen volle Aufmerksamkeit!
- Alle haben Geschwindigkeitsbegrenzungen einzuhalten!

Regel-Setzer-Struktur

Setzt eine Person Regeln für andere, dann tut sie meist Folgendes:
- Sie definiert, was eine andere Person (allgemein oder im Hinblick auf sie selbst) tun darf oder tun sollte und was eine Person nicht tun darf.
- Sie geht davon aus, dass sie dazu *legitimiert* ist, eine solche Regel aufzustellen.
- Sie geht davon aus, dass andere sich dann an diese Regeln zu halten haben, und auch davon, dass andere diese Regeln kennen sollten (was aber meist telepathische Fähigkeiten der IP voraussetzen würde).

- Sie geht davon aus, dass sie berechtigt ist, bei anderen die Einhaltung der Regeln durchzusetzen bzw. die anderen für die Nichteinhaltung der Regeln zu strafen.
- Damit geht sie (meist implizit) auch davon aus, dass sie selbst einen höheren Status hat als der Empfänger der Regel.

Da die Person davon ausgeht, dass andere sich an die Regeln zu halten haben, nimmt sie auch die Nichteinhaltung der Regel »persönlich«: Wenn jemand die Regeln verletzt, ist sie »gekränkt«, »beleidigt« und reagiert meist (von leicht bis sehr stark!) ärgerlich: Daher weisen Personen, die das Regel-Setzer-Spiel in hohem Maße spielen, auch ein (sehr) hohes Ärger- und Aggressivitätspotenzial auf.

Ärger

Eine Person, die z. B. die Regel aufstellt: »Keiner hat mich zu behindern!«, ärgert sich stark, wenn sie morgens mit dem Auto zur Arbeit fährt und vor ihr jemand in der Stadt 45 km/h fährt: Sie ärgert sich, weil eine wesentliche Erwartung verletzt wurde, weil sie behindert wird und weil die Person denkt, dass es ihr eigentlich zustehe, dass der Langsamfahrer rechts ran fährt und sie vorbeilässt. Damit denkt sie auch (meist implizit, d. h., es ist ihr nicht klar), dass dieser die Regel kennen sollte, dass er die Regel »erfassen« sollte oder dass sich die Regel von selbst versteht: Man kann dies als die »*implizite Telepathieannahme*« bezeichnen: Fast alle Regel-Setzer weisen sie auf. Da der andere diese Regel aber nicht telepathisch erfassen kann und diese Regel ihm wahrscheinlich auch dann »schnurtz« wäre, fährt er weiter munter mit 45 km/h durch die Stadt, nichts Böses ahnend. Der Regel-Setzer fühlt sich aber im Recht, den Regel-Verletzer zu bestrafen: Also fährt er in der Fantasie aus dem Dach seines Benz' einen »Desintegrator« aus (Perry Rhodan lässt grüßen) und verdampft den vor ihm Fahrenden zu einer Molekülwolke, die er dann ungehindert durchqueren kann. Da Desintegratoren aber nur durch Zeitreisen zu haben sind, begnügt er sich in der Realität damit, den Langsamfahrer zu bedrängen: Man muss Kriechern schließlich klarmachen, dass sie eine Behinderung sind! Hupe oder Lichthupe sind hier ebenfalls wichtige Hilfsmittel der Bestrafung und Belehrung (schließlich tut man damit ja auch der Allgemeinheit einen Gefallen!).

»Telepathieannahme«

Regeln können in zwei Varianten vorkommen:
- als »ich-bezogene« Regeln,
- als »man-bezogene« Regeln.

Arten von Regeln

Bei *ich-bezogenen Regeln* steht das »Ich« im Zentrum der Regel:
- *Ich* will nicht behindert werden!
- *Ich* will volle Aufmerksamkeit!
- Man hat *mich* respektvoll zu behandeln!

Bei *man-bezogenen Regeln* steht eine allgemeingültige Regel (Norm oder Vorschrift) im Zentrum:
- *Man* parkt nicht auf Gehsteigen.
- *Man* geht nicht bei Rot über die Ampel.

Personen, die ich-bezogene Regeln definieren, sind nur dann »getriggert« (»auf die Palme gebracht«), wenn sie auch persönlich betroffen sind; Personen, die man-bezogene Regeln definieren, sind aber auch dann getriggert, wenn die Regel verletzt wird, obwohl sie davon persönlich gar nicht betroffen sind.

Eine Person, die ich-bezogene Regeln definiert, alarmiert die Polizei nur, wenn jemand vor *ihrer* Einfahrt parkt; ob jemand auf dem Radweg parkt, ist ihr völlig egal; jemand, der eine man-bezogene Regel definiert, holt aber auch dann die Polizei, wenn jemand mit dem Auto auf dem Radweg steht – und sie selbst dadurch gar nicht behindert wird. Eine Person, die eine ich-bezogene Regel definiert, ist verärgert, wenn eine Kellnerin nicht schnell genug zu ihr kommt; sieht sie aber, dass eine Kellnerin einen Gast am Nachbartisch nicht bedient, ist ihr das völlig gleichgültig. Eine Person mit man-bezogenen Regeln wäre aber auch dann verärgert, denn aus ihrer Sicht lautet die Regel: Gäste sollten immer schnell bedient werden!

Ich-bezogene Regeln

Regel-Setzer, die ich-bezogene Regeln definieren, zeichnen sich dadurch aus,
- dass sie die Regeln *flexibel* ändern können, je nach dem, wie es ihnen nutzt;
- dass sie nach der Devise handeln: »Die Regel gilt immer da, wo ich bin!«;
- dass sie sich selbst nicht nach diesen Regeln richten müssen.

Das bedeutet: Ich-bezogene Regeln sind *egozentrisch und eigennützig*.

Man-bezogene Regeln

Regel-Setzer, die man-bezogene Regeln definieren, gehen anders mit Regeln um. Sie gehen davon aus,
- dass die Regeln immer und überall gelten;
- dass sie die Regeln nicht ändern (können);
- dass sie sich selbst besonders stark an diese Regeln halten (sie sind die »ersten Regel-Befolger«).

Man-bezogene Regeln sind damit *deutlich strenger* als ich-bezogene Regeln: Verstößt man gegen diese, dann verstößt man gegen allgemeingültige (moralische!) Prinzipien. Ein Verstoß ist damit nicht mehr nur ein Versehen, es ist ein Vergehen.

Man-bezogene Regeln sind dagegen (auf den ersten Blick) wenig eigennützig und stark einschränkend; tatsächlich machen detailreiche Analysen klar, dass solche Regeln dem Schutz vor Ängsten dienen, also im Grunde genommen ebenfalls nur eigennützig sind; ihr Eigennutz ist nur viel besser getarnt.

Regel-Setzer-Verhalten hat allgemein die Wirkung, viel von Interaktionspartnern (IP) zu *erwarten*, diese stark zu *determinieren*, ihnen Vorschriften zu machen und sie für die Nichteinhaltung der Regeln zu kritisieren: Setzt eine Person nur wenige Regeln, dann lassen sich die IP dies durchaus eine Weile gefallen. Setzt eine Person jedoch in hohem Maße Regeln, dann sind IP relativ schnell »versäuert«: Regel-Setzer-Verhalten ist damit im Prinzip »interaktionstoxisch«. Daher gilt auch allgemein: *Personen mit starkem Regel-Setzer-Verhalten weisen ein hohes Maß an interaktionellen Problemen auf*; sie erzeugen schnell interaktionelle Krisen – und sie erzeugen oft heftige Krisen, denn viele IP wehren sich gegen eine solche »Bevormundung«.

Regel-Setzer-Verhalten

5.5.2 Das Spiel »Moses«

Das Spiel »Moses« ist eine konsequente Fortsetzung des Regel-Setzer-Spiels. Beim Moses-Spiel geht eine Person davon aus, dass sie in der Lage (oder berufen) ist, andere Personen zu leiten, ihnen den (rechten) Weg zu weisen und sie damit vor Unheil zu bewahren; und damit denkt sie, dass sie andere in hohem Maße belehren, zurechtweisen und damit auf den »Pfad des Lichts« führen kann. Das Spiel »Moses« wird vor allem von Personen mit zwanghaftem Persönlichkeitsstil gespielt (Sachse, 2004a, 2013).

Personen, die dieses Spiel spielen, gehen davon aus, dass sie über Ansichten, Normen oder Einsichten verfügen, die richtig oder »wahr« sind und die *alle Menschen zu einem moralischen, richtigen oder »wahren« Leben führen können*; daher sollten alle Menschen ihre Ansichten übernehmen und ihnen folgen; damit ist das Spiel »Moses« eine Art »Missionsspiel«. Die Personen halten sich dabei für die »Verkünder der reinen Lehre«.

Moralische Ansprüche

Dabei ist es *gleichgültig, wovon die Person jeweils überzeugt ist*: von einer Religion, von den »richtigen moralischen Normen«, von vegetarischem oder veganem Essen, von einer politischen Richtung o. a.; die prinzipiellen Verhaltensweisen sind immer die Gleichen.

Die Person, die dieses Spiel spielt,

Voraussetzungen für das Spiel

- ist von einem Inhalt selbst *völlig überzeugt*; so überzeugt, dass sie sich nicht mehr in Frage stellen lässt oder sich selbst in Frage stellt;
- hält diese Überzeugung nicht nur für »wahr«, sondern glaubt auch, dass sie allgemeingültig ist, dass sie auch für andere Menschen gilt oder gelten sollte;
- glaubt, dass es gut wäre, wenn auch andere Menschen die gleiche Überzeugung hätten, dass es für diese Menschen gut wäre oder dass die Welt besser wäre, wenn alle diese Ansicht hätten;
- glaubt deshalb, dass sie anderen ihre Ansicht vermitteln sollte, andere »missionieren« sollte;
- neigt dazu, anderen ihre Ansichten aufzudrängen, und sie neigt dazu, andere abzuwerten, wenn sie andere Ansichten vertreten;
- glaubt, dass ihr Verhalten gut, richtig, gerechtfertigt ist.

Selbstgerecht

Aus der Perspektive eines Beobachters erscheinen diese Personen deshalb oft selbstgerecht, rechthaberisch, unbelehrbar, nicht diskussionsfähig und änderungsresistent; daher wirken sie meist polarisierend: Sie schaffen sich entweder Anhänger oder Gegner.

Aspekte der Strategie

Personen, die dieses Spiel spielen,

- geben ihren Ansichten oft einen zentralen Stellenwert: Diesen Ansichten zu folgen, ist oft wichtiger als die Erfüllung anderer Motive; die Ansichten nehmen im Leben dieser Personen oft eine beherrschende Stellung ein;
- sind im Hinblick auf diese Ansichten meist wenig flexibel: Sie halten sich stark an Normen fest, können diese kaum aussetzen oder relativieren;
- beurteilen andere Personen oft auch zentral danach, wie diese zu den betreffenden Ansichten stehen: Manchmal opfern sie Beziehungen, wenn andere sich nicht überzeugen lassen (»Normen sind wichtiger als Beziehungen«);
- neigen stark dazu, Andersdenkende abzuwerten, zu diskriminieren oder gar zu bekämpfen.

Daher verhalten sich die Spieler des Moses-Spiels häufig intrusiv: Sie drängen anderen ihre Meinung auf, wollen andere beeinflussen oder verhalten sich kritisch und abwertend. Ein solches Verhalten wirkt jedoch hochgradig »interaktionstoxisch«: Es kann Interaktionspartner (hochgradig) auf die Nerven gehen, sodass sie dazu neigen, diese Personen zu meiden. Und damit schaffen die Spieler auch wieder selbsterfüllende Prophezeiungen: Sie prophezeien, dass andere gegen sie sein werden, und sie schaffen es, dass das irgendwann stimmt; oft stimmt es dann auch recht schnell.

Insbesondere Interaktionspartner (IP) mit hohem Autonomiemotiv wollen auf keinen Fall bevormundet und belehrt werden: Diese IP reagieren geradezu »allergisch« auf dieses Spiel. Und IP, die sich selbst als kompetent und erfolgreich einschätzen, wissen es durchaus *nicht* zu schätzen, aufgrund ihrer Ansichten als »moralisch minderwertig« klassifiziert zu werden oder zu hören, »sie seien auf dem falschen Lebensweg« – da kommt meist nur wenig Freude auf.

5.5.3 Das Spiel »Dornröschen«

Bei dem Spiel »Dornröschen« geht es auch um bestimmte Erwartungen, die ein Spieler an Interaktionspartner (IP) richtet, daher kann man dieses Spiel auch als Regel-Setzer-Spiel bezeichnen (Sachse 1999, 2013).

Bei diesem Spiel macht der Spieler deutlich,
- dass er dringend Hilfe braucht oder dass er sich nach Kontakt und Beziehung sehnt o. Ä.;
- dass er es toll finden würde, wenn er Hilfe bekäme oder wenn jemand käme, um ihm eine Beziehung anzubieten, d. h., er würde sich über eine »Erlösung« sehr freuen;
- dass es aber sehr schwierig wäre, zu ihm durchzudringen, ihm Hilfe zu geben oder ihm die richtige Beziehung anzubieten: Die Erlösung wäre damit ein schwieriges und anstrengendes Unterfangen;
- dass es aber natürlich gerade deshalb toll wäre, wenn ein IP diese Mühsal auf sich nehmen würde.

Das Spiel heißt »Dornröschen«, weil der Appell lautet: »Brich durch die Hecke und küsse mich wach!«

Es sollte klar sein, dass es hier nicht um die Rettung als solche, sondern um den *Rettungsversuch* geht: Denn je mehr sich hier ein Interaktionspartner anstrengt, je mehr Mühe er auf sich nimmt, je mehr Frustrationen er erduldet, desto besser: Denn *das alles* zeigt ja, wie wichtig, bedeutsam, wie besonders der Spieler sein muss – und darum geht es zentral: Man will durch das Verhalten des anderen *spüren*, wie wichtig man ist; die Rettung als solche ist komplett zweitrangig (wieder ist das »Vorspiel« das eigentliche Spiel)! Als Spieler will man gar nicht wirklich »gerettet« werden (bzw. man muss gar nicht gerettet werden, man kann sich durchaus selbst helfen): Man will sehen, wie wichtig man dem anderen ist und das genau sieht man daran, wie sehr und wie lange sich jemand anstrengt, um die Rettung zu ermöglichen! Damit muss

»Brich durch die Hecke«

Schwierige Rettung

man es dem Retter auch immer schwieriger machen, man muss möglichst verhindern, dass er ans Ziel kommt! Die »Verheißung des Kusses« ist dabei wie die Möhre vor der Nase des Esels: Sie dient nur dem Ansporn, sie wird aber nie zur Belohnung.

Viele Interaktionspartner durchschauen das Spiel – und wenn es stark überzogen wird, haben sie die Nase davon voll: Daher machen manche Spieler die Erfahrung, dass IP nicht *durch* die Hecke, sondern *vor* der Hecke brechen.

5.5.4 Das Spiel »Distanz halten«

Manchmal will man Interaktionspartner (IP) auf Distanz halten; man will ihnen dies aber nicht offen und transparent sagen, sondern will die Botschaft auf intransparente Weise vermitteln. Dann kann man einige recht wirksame Strategien realisieren. Distanz-Spiele werden von Personen mit passiv-aggressivem, paranoidem, zwanghaftem oder schizoidem Persönlichkeitsstil realisiert (Sachse, 2004a, 2013).

»Nicht reagieren«

Macht jemand eine Annäherung oder wird man »verbal« belästigt, dann kann man Verhaltensweisen realisieren, die den IP fast immer effektiv abschrecken, z. B.:

- Man reagiert verbal so wortkarg wie möglich; man antwortet nur kurz, macht von sich aus keinerlei Kommentare.
- Man nimmt keinen Blickkontakt auf, sondern schaut »vor sich hin«, auf einen Punkt oder »stellt die Augen auf Unendlichkeit«; auf diese Weise kann man auch gut durch den IP »hindurchgucken«.
- Man wirkt gelangweilt; u. U. kann man dies noch durch erkennbar aufgesetzte Höflichkeit kaschieren, sodass man dem Interaktionspartner Doppelbotschaften sendet.
- Am besten reagiert man aber *gar nicht*:
    - Man sagt nichts.
    - Man blickt den IP nicht an.
    - Man verzieht keine Mine.
    - Man macht keine Gesten, keine körperlichen Reaktionen.

Ist der IP kein interaktioneller Vollidiot oder komplett unsensibel (was allerdings sein kann), reagiert er auf solche Strategien recht schnell abgeschreckt: IP empfinden »Nicht-Reaktionen« meist als extrem verunsichernd und vermeiden deshalb den Kontakt.

5.6 Blöd-Spiele

Der Sinn von Blöd-Spielen liegt darin, sich unangenehme Aufgaben vom Hals zu schaffen; anstatt das aber offen zu äußern (und dadurch Kritik zu provozieren), kann man sich selbst als »zu blöd« definieren (wofür man ja nichts kann!).

Zu blöd für alles

5.6.1 Das Blöd-Spiel

Das Blöd-Spiel ist eines der verbreitetsten und beliebtesten Spiele überhaupt: Man kann es mit fast allen Personen und in fast allen Kontexten spielen.

Beliebtes Spiel

Es dient im Wesentlichen dazu, sich vor der Erledigung unangenehmer und ungeliebter Aufgaben zu drücken – und genau das gelingt erstaunlich oft.

Will man als Ehemann die Wäsche nicht waschen, dann geht die Strategie so:

Beispiele

- 1. Zug: »Schatz, ich kann die Waschmaschine nicht bedienen.«
- 2. Zug: »Sollte ich es doch versuchen, dann kann es sein, dass ich die Wäsche vollkommen ruiniere.«
- 3. Zug: »Schatz, du bist ein absoluter Experte auf diesem Gebiet!«
- 4. Zug: »Wenn du die Wäsche wäscht, dann ist sie zart und kuschelig weich.«
- 5. Zug: »Deshalb, Schatz, solltest du die Wäsche waschen.«

Anhand dieses Beispiels sollte aber nicht der Eindruck entstehen, nur Männer würden dieses Spiel spielen. Frauen können es auch! Will man als Ehefrau beim Auto kein Öl nachfüllen, dann geht die Strategie so:

- 1. Zug: »Schatz, könntest du mir bitte mal Öl nachfüllen? Ich weiß nicht, wo man es reinschüttet.«
- 2. Zug: »Wenn ich es mache, könnte ich es versehentlich in die Scheibenwaschanlage schütten.«
- 3. Zug: »Schatz, du bist doch so versiert in Technik.«
- 4. Zug: »Wenn du das machst, wird alles toll.«
- 5. Zug: »Deshalb solltest du es mal eben machen!«

An den Beispielen wird deutlich, dass das Spiel zwei Komponenten hat:
1. *Blöd-Komponente:* Man bezeichnet sich selbst für eine bestimmte Aufgabe als zu blöd, zu ungeschickt, zu unbegabt, zu

Blöd-Komponente

unwissend o. Ä., sodass klar wird, dass man die Aufgabe nicht richtig bzw. ungeschickt und suboptimal ausführen wird (Zug 1). Dann kann man (optional!) noch anführen, welche negativen Konsequenzen aus dem falschen Handeln folgen können oder werden (Zug 2; dies kann man auch weglassen, wenn man glaubt, dass der erste Zug schon reichen wird). Falls das Spiel nicht auf Anhieb funktionieren sollte, kann man dann später eine der Drohungen wahrmachen (z. B. eine rote Socke mit weißen Hemden zusammen waschen, sodass die Inkompetenz (und die resultierende Gefahr!) plastisch illustriert wird.

Schmeichel-Komponente

2. *Schmeichel-Komponente:* Man muss den Partner für das, was *er* tun soll, als besonders kompetent, klug, fähig, gut, toll etc. darstellen, sodass er sich geehrt fühlen kann, die Aufgabe ausführen zu »dürfen« (Zug 3). Diese Komponente ist meist *wichtig,* es sei denn, man hat ohnehin einen höheren Status oder große Macht – dann kann man diese Komponente manchmal wegfallen lassen. Es ist aber immer günstig für die Beziehung, sie zu realisieren! Diesen Effekt kann man noch verstärken, indem man ausführt, wie toll der Interaktionspartner (IP) die Aufgabe bewältigen könnte und welche tollen Effekte das hätte bzw. wie verdienstvoll das wäre (Zug 4). Und zum Abschluss ist es meist hilfreich, die Anweisung noch einmal als Schlussfolgerung zu präsentieren (Zug 5).

Universell spielbar

Besonders beliebt ist dieses Spiel bei Partnern, man kann es aber auch mit Bankangestellten spielen (»Ich bin leider so kurzsichtig, könnten Sie wohl die Überweisung für mich ausfüllen? Das wäre ganz besonders nett von Ihnen«); man kann es mit Verkäufern spielen (»Ich habe leider so starke Rückenschmerzen, könnten Sie mir wohl helfen, den Kasten in den Wagen zu heben? Das wäre sehr lieb«); mit Eltern (»Bei Behörden werde ich immer über den Tisch gezogen; du kannst dich doch so gut durchsetzen. Es wäre toll, wenn du mich begleiten würdest«). Kurz: *Dieses Spiel ist universell anwendbar*. Und: Wenn man es gut spielt, hat man eine sehr gute Chance, damit durchzukommen.

»Blöd« ist okay

Glauben Sie bitte nicht, irgendjemand hätte Skrupel, das Spiel zu spielen, z. B. weil er sich nicht als »blöd« outen möchte: Die meisten Menschen halten die Tätigkeiten, vor denen sie sich drücken wollen, ohnehin für »unter ihrer Würde«, also *wollen* sie an dieser Stelle gar nicht kompetent sein und deshalb ist es auch nicht ehrenrührig, sich hier als »blöd« zu outen.

Die Selbstdefinition als »blöd« ist oft einigermaßen lächerlich; deshalb kann das Spiel im Prinzip auch schnell durchschaut werden. Interessanterweise funktioniert es dann meist trotzdem, und zwar über die Schmeichel-Komponente: Da man ja als Manipulierter als besonders fähig, kompetent, hilfsbereit o. Ä. bezeichnet wird, möchte man dies gerne annehmen – und es nicht von sich weisen. Und damit sitzt man schon in der Falle: Matt in fünf Zügen!

5.6.2 Das Spiel »Entscheidungen abgeben«

Möchte man selbst keine Entscheidungen treffen (weil sie einem zu unsicher oder zu schwierig sind) oder erlebt man sich selbst als entscheidungsunfähig, dann kann man Entscheidungen an andere delegieren. »Entscheidungen abgeben« ist ein Spiel für Personen mit dependenter Persönlichkeitsakzentuierung (Sachse et al. 2013b).

Natürlich ist dieses Spiel eine Variante des Blöd-Spiels: »Ich kann mich nicht entscheiden, also entscheide du für mich!« Und damit gelten hier auch die gleichen Regeln wie beim »Blöd-Spiel«:

- 1. Zug: »Schatz, ich kann mich nicht entscheiden, was ich essen soll.«
- 2. Zug: »Ich weiß heute einfach nicht, was mir schmeckt.«
- 3. Zug: »Schatz, du weißt doch, was lecker ist.«
- 4. Zug: »Und du weißt doch sicher, was mir schmeckt. Du wirst sicher eine gute Wahl für mich treffen.«
- 5. Zug: »Also sag mir doch, was ich bestellen soll.«

Variante des Blöd-Spiels

(Wieder kann man Zug 2 und Zug 4 weglassen.)

Das Spiel klappt natürlich besonders gut mit einem Partner, der gerne bestimmt, der machtorientiert ist oder der ein Helfer-Syndrom hat: IP mit solchen Vorlieben übernehmen gerne die Entscheidungen für andere (zumindest in einem gewissen Rahmen und eine Zeit lang).

Die Strategie kann auch das Ziel haben, IP an sich zu binden: Da man ihnen viel Einfluss gibt und ihnen auf diese Weise auch nicht widerspricht und Konflikte mit ihnen vermeidet (dadurch, dass man gar keine eigenen Vorschläge macht, die dem IP eventuell nicht gefallen könnten), macht man sich selbst wertvoll, man demonstriert: »Ich bin der pflegeleichteste Partner aller Zeiten. You never find another one like me!«

Partner binden

»Überzieht« man dieses Spiel, dann fühlen sich IP schnell eingeschränkt, determiniert – oder sie haben den Eindruck, ihr Partner sei gar keine eigenständige Person, sondern eine Marionette. Nicht alle IP reagieren deshalb positiv auf die Botschaft: »Sei mein Licht in dunkler Nacht und mein Führer auf allen Wegen!«

Manipulation und Manipulierbarkeit

Manipulation ist ein »*interaktionelles Problem*«. Das bedeutet: Zu einer Manipulation gehören immer (mindestens) *zwei*. Zur Manipulation bedarf es eines Manipulators – aber auch eines Interaktionspartners (IP), der sich manipulieren lässt.

Schlüssel – Schlüsselloch

Es ist wie eine Schlüssel-Schlüsselloch-Passung; um manipulieren zu können, brauche ich die richtige Strategie: den Schlüssel. Aber die Manipulation kann nur wirken, wenn der IP das dazu passende »Schlüsselloch« aufweist: Er muss auf die Strategie reagieren, also muss der Schlüssel zu ihm passen.

> **Analyse einer wirksamen Manipulation**
> Will man eine wirksame Manipulation analysieren, dann muss man zweierlei tun:
> — Man muss den »Schlüssel« analysieren, also Fragen stellen wie: Wie manipuliert der Manipulator? Welche Strategien wendet er an? Wie geht er vor? Welche Images und Appelle sendet er?
> — Man muss aber auch das »Schlüsselloch« analysieren: Worauf reagiert der Manipulierte? Wie und warum wirken die Strategien auf ihn? Warum lässt er sich auf die Strategien ein? Warum grenzt er sich nicht ab?

Manipulation ist ein interaktionelles Problem

Da Manipulation immer ein interaktionelles Problem ist, muss man auch immer eine interaktionelle Analyse vornehmen.

Personen unterscheiden sich nun stark darin, *in welchem Ausmaß* sie sich manipulieren lassen: Natürlich muss man davon ausgehen, dass *jeder* auf eine gut gemachte Manipulation hereinfallen *kann*; sich manipulieren zu lassen, ist damit keinesfalls »ehrenrührig«.

Die meisten Leute sind auch nicht paranoid, sie gehen (oft wider besseres Wissen) davon aus, dass andere offen mit ihnen umgehen. Und damit sind die meisten Personen in einem gewissen Ausmaß *anfällig für Manipulationen,* was ja meist auch nicht schlimm ist, solange die Manipulationen »harmlos« und »reziprok« sind.

Sich nicht manipulieren lassen

Bei höheren Dosen von Manipulation kann es aber vorteilhaft sein, wenn man *nicht allzu anfällig* für Manipulationen ist. Daher ist es im Prinzip wesentlich, wenn man
— in der Lage ist, Manipulationen zu erkennen und zu »durchschauen«;
— in der Lage ist, sich gegen Manipulationen abzugrenzen und zu »wehren«.

Denn dann (und nur dann) kann man Freiheitsgrade zurückgewinnen und sich *entscheiden*, ob man sich auf Manipulationen einlassen will oder nicht.

Durchschaut man Manipulationen nicht, wird man »*in sie verwickelt*«, also in eine Manipulation hineingezogen, und dann gilt: Je mehr man schon verwickelt ist, desto schwieriger ist es, sich daraus wieder zu befreien!

Andererseits kann aber ein »Verwickeltsein« das *Erkennen* einer Manipulation erleichtern: Denn wenn man manipuliert wird, dann entstehen oft deutliche *Störgefühle*, z. B.:

- ein Gefühl, dass man etwas tut, was man eigentlich gar nicht will;
- ein Gefühl, dass man gelenkt, fremdbestimmt wird;
- ein Gefühl, dass man zu kurz kommt, ausgenutzt wird;
- ein Gefühl, dass man zu dem, was man eigentlich will, nicht mehr kommt;

Manipulationen erkennen

Und wenn man diese Störgefühle ernst nimmt und analysiert, dann erkennt man meist, *dass* man manipuliert wird. Und dann muss man noch verstehen, *wie* man manipuliert wird!

Personen sind meist dann *wenig anfällig* für Manipulationen,

- wenn sie gut rekonstruieren können, was IP wirklich meinen oder wirklich wollen, also wenn sie gut erkennen können, was ihre Absichten sind;
- wenn sie ein eher »unechtes« Verhalten bei anderen gut (und intuitiv) erkennen können und sich bei ihnen schnell ein (oben beschriebenes) »Störgefühl« einstellt;
- wenn sie ein eher hohes Bedürfnis nach Autonomie haben und nicht bevormundet, gegängelt oder determiniert werden wollen; dann bemerken sie meist solche Versuche auch schnell und reagieren darauf mit Abgrenzung;
- wenn sie ein eher hohes Selbstbewusstsein haben und daher nicht leicht zu beeindrucken sind;
- wenn sie zwar ethische Standards haben, aber davon ausgehen, dass jeder für sich selbst verantwortlich ist;
- wenn sie kein ausgeprägtes »Helfer-Syndrom« haben und denken, sie sollten andere »retten«.

Faktoren, die wenig anfällig machen

Besonders *stark manipulierbar* werden Personen dann,

- wenn sie unechtes Verhalten kaum erkennen können;
- wenn sich bei ihnen keine »Störgefühle« einstellen oder sie diese nicht bemerken;
- wenn sie Probleme damit haben, bei anderen zu erkennen, was diese wollen, möchten oder wie sie denken;

Faktoren, die stark anfällig machen

- wenn sie ein starkes Helfer-Syndrom haben, also die Tendenz aufweisen, anderen schnell zu helfen, sie zu »retten«, vor Unheil zu bewahren oder ihnen »den rechten Weg zu weisen«;
- wenn sie stark »erwartungsorientiert« sind, also wenn sie anderen gerne »die Wünsche von den Augen ablesen« und diese Wünsche sehr gerne erfüllen würden;
- wenn sie sich schlecht abgrenzen können oder konfliktscheu sind; wenn sie schlecht Nein sagen können, ihre eigenen Wünsche schlecht durchsetzen können, wenn sie Angst vor Konflikten haben oder es nicht aushalten können, dass andere »auf sie sauer sind«;
- wenn sie stark normorientiert sind, also wenn sie Normen verinnerlicht haben, die besagen, dass man anderen helfen muss, dass man andere nicht leiden lassen darf, dass man nicht »herzlos« oder »egoistisch« sein darf;
- wenn sie sich einer Person gegenüber verpflichtet fühlen oder glauben, sie müssten »noch etwas gutmachen«.

Psychosomatik

Das ist der Grund, warum Personen, die unter psychosomatischen Magen-Darm-Beschwerden leiden, sich oft sehr schlecht abgrenzen können und sich oft in hohem Maße manipulieren lassen: Sie zeigen eine Verarbeitungsstruktur, in der sie sich sehr erwartungsorientiert verhalten, nicht Nein sagen können, oft nicht wissen, was sie wirklich wollen und ihre eigenen Erschöpfungsgrenzen schlecht wahrnehmen können. Diese Personen werden damit in hohem Maße Opfer von Manipulationen (Sachse 1995a, 1995b, 2003a,b, 2006c).

Wie kann man sich gegen Manipulationen schützen?

7.1   Das Problem – 70

7.2   Das Erkennen von Manipulationen – 70

7.3   **Die Analyse von Manipulationen – 72**
7.3.1 Die Aufgabe – 72
7.3.2 Die Analyse von Images und Appellen – 72

7.1 Das Problem

Es ist nicht einfach, sich gegen Manipulation zu schützen: In der Regel ist der Schutz gegen Manipulation aufwendiger als das Ausführen einer Manipulation. Dies liegt gerade daran, dass Manipulation intransparent, also (mehr oder weniger gut) *getarnt* ist. Auf intransparentem Verhalten klebt kein Zettel mit der Aufschrift: »Vorsicht: Manipulation«: Man muss also als Erstes manipulatives Verhalten als solches *erkennen*: Man muss erkennen, *dass* eine andere Person versucht zu manipulieren.

Als Zweites muss man verstehen, *wie* die Manipulation funktioniert, also mit welchen Strategien der Manipulator versucht zu manipulieren. Und dann muss man – als Drittes – lernen, angemessen damit umzugehen, um sich nicht manipulieren zu lassen.

7.2 Das Erkennen von Manipulationen

Woran erkennt man Manipulation?

Wie gesagt, ist manipulatives Handeln meist nicht leicht zu erkennen, vor allem dann nicht, wenn es kompetent realisiert wird. Glücklicherweise hat manipulatives Handeln aber einige Charakteristika, die es durchaus verraten können – und auf diese muss man achten, und man muss Schlüsse daraus ziehen.

- **Auf seine Gefühle achten**

Verhalten wirkt »unecht«

Manipulatives Verhalten ist unauthentisch – und damit wirkt es manchmal auch *unecht*: Es wirkt gekünstelt, gestellt, geschauspielert (was es ja auch ist), überdramatisiert, unangemessen etc. Ein Interaktionspartner (IP) bemerkt diese Aspekte meist gar nicht aufgrund von bewusstem Nachdenken, sondern auf der Basis der intuitiven Verarbeitung (zur intuitiven oder intuitiv-holistischen Informationsverarbeitung siehe: Bastik 1982; Kuhl 1983a,b; Epstein et al. 1996; Scheffler 2009): Als IP sollte man das Verhalten der Person »auf sich wirken lassen« und spüren, welche Gefühle dazu entstehen. Diese Gefühle sind dann meist sehr aufschlussreich (»Störgefühle«; ▶ Kap. 6). Ist z. B. jemand authentisch traurig, dann fühlt man meist (intuitiv) mit: Man ist berührt, betroffen. Ist das Weinen aber nicht echt, hat man ein (charakteristisches) »Störgefühl«, also ein Gefühl, eher peinlich berührt zu sein, abgestoßen zu sein, u. U. sogar angewidert zu sein: Solche Empfindungen sind in aller Regel sehr valide, man sollte sie zur Kenntnis nehmen und weiter auswerten! Das Gleiche gilt für Übertreibungen: Auch hier fühlt man nicht mit, sondern man hat das Gefühl, alles sei überzogen, wie bei einem schlechten Schauspieler, und man fühlt sich eher abgestoßen.

- **Widersprüche aufdecken/erkennen**

Manipulatives Verhalten entspricht oft auch nicht den Tatsachen: Die Person demonstriert Leiden, obwohl sie gar nicht leidet; sie demonstriert Schmerzen, die sie gar nicht hat etc. Daher muss die Person eine *Story konstruieren, die im Grunde nicht stimmt*. Dies ist schwierig, kapazitätsaufwendig – und es lässt sich meist auch nicht wirklich durchhalten. Meist schafft die Person es nicht, eine konstruierte Story komplett zu durchdenken (das wäre viel zu aufwendig): Aus diesem Grund gibt es meist in der Story (mehr oder weniger eklatante) *Widersprüche*. Und diese können und sollten dem IP auffallen: Trotz der Schmerzen hat sie gestern im Garten gearbeitet, hat Tante Emma besucht, hat eine Stunde klönend vor der Tür gestanden etc. Die »Wahrheit bricht immer wieder durch«, das lässt sich meist nicht wirklich verhindern! Und solche Widersprüche sollten einem IP auffallen; er sollte ihnen nachgehen und analysieren, was sie bedeuten: Denn meist weisen sie darauf hin, »dass etwas nicht stimmt«, dass eine Story nicht so sein kann, wie sie dargestellt wird!

Story stimmt nicht

- **Informationen sind inkonsistent**

Es ist auch schwierig und kapazitätsaufwendig, die »Show« auf allen Ebenen durchzuhalten: Denn man muss dann sehr darauf achten, dass man, wenn man sagt, man leide unter Schmerzen, auch wirklich *demonstriert*, dass man unter Schmerzen leidet. Häufig ist man aber abgelenkt, unaufmerksam oder verliert die Strategie aus dem Blick. Man will eigentlich, dass ein IP glaubt, man habe massive Rückenschmerzen, aber dann denkt man nicht daran und bückt sich, ohne jedes Problem und ohne jede Mühe; man steht auf, ohne zu zucken und ohne das Gesicht zu verziehen – eine spontane Wunderheilung, die man aber sofort wieder rückgängig zu machen versucht – aber der IP hat es u. U. schon gesehen. Wie Dr. Lightman (in dem Film »Lie to me«) treffend sagt: »Wenn Sie diese Nummer durchziehen wollen, dann sollten Sie von Kopf bis Fuß jeden Muskel im Griff haben.« Das aber ist genau nicht möglich! *Eine Person kann nie alles unter Kontrolle haben!* Sie konzentriert sich auf ein Gespräch und vergisst, an der richtigen Stelle zu zucken: Hätte sie aber »echte Schmerzen«, dann könnte sie es gar nicht vergessen! Oder sie jammert darüber, wie schlecht es ihr geht, kann aber auf eine Frage nach einem Gegenstand schnell und mit fester Stimme antworten; sie weint und kann, wenn sie bekommt, was sie will, das Weinen von einem Moment auf den anderen »abstellen« etc.

Ein gutes Beispiel liefert auch Bill Murray in dem Film »Wer ist mit Bob?«: Er spielt einen Bakterien-Phobiker, kniet aber in

Man kann nie alles kontrollieren

einer der ersten Szenen auf allen Vieren auf den staubigen Straßen New Yorks – um aufzufallen; dann steht er auf und geht weiter. Ein »echter« Phobiker würde gar nicht anders können, als sich nach einer solchen Aktion 20 Minuten lang die Hände zu waschen! Alle diese Aspekte sind äußerst verräterisch: Der IP muss sie »nur« bemerken!

7.3 Die Analyse von Manipulationen

7.3.1 Die Aufgabe

Manipulation bemerken

Erkennt man als Interaktionspartner, *dass* eine Manipulation läuft, dann ist damit schon viel gewonnen: Man ist »gewarnt«, lässt sich dann meist schon nicht mehr verwickeln, ist vorsichtig usw.

Aber wenn man sich effektiv gegen eine Manipulation wehren will, wenn man ein Spiel »aushebeln« will, dann ist das Erkennen, dass ein Spiel läuft, eine notwendige, aber leider noch keine hinreichende Voraussetzung. Denn dann muss man auch erkennen, *wie* manipuliert wird, welche Strategien der Manipulator anwendet: Denn nur dann kann man gezielt gegen diese Strategien vorgehen. Dabei ist es extrem hilfreich zu erkennen, welche Images und Appelle ein Manipulator verwendet: Denn dann weiß man, wie er vorgeht, und man hat Hinweise darauf, welches Spiel er spielt.

7.3.2 Die Analyse von Images und Appellen

Systematische Analyse

Es ist möglich, Images und Appelle systematisch zu analysieren und zu rekonstruieren: Damit kann man entschlüsseln, welche Images genau eine Person sendet – und dann weiß man, was genau man denken oder was man glauben soll.

Und es ist möglich, die Appelle zu dekodieren – und damit weiß man dann, was genau man tun (oder nicht tun) soll. *Und wenn man das verstanden hat, dann hat man den Kern der Manipulation verstanden.*

Denn wenn man dies weiß, gewinnt man Freiheitsgrade zurück. Dann folgt man nicht einfach blind den Images und erfüllt die Appelle, sondern man kann sich entscheiden: Will man dem Bild glauben oder nicht? Will man die Handlung ausführen oder nicht? Durch die Analyse von Images und Appellen wird ein Spiel verstehbar – und es wird *als Spiel* erkennbar! Und man kann nun beginnen, systematische Gegenmaßnahmen zu entwickeln.

Analyse von Images und Appellen
Um Images und Appelle zu rekonstruieren, sollte man wie folgt vorgehen:
- Da Images und Appelle Beziehungsbotschaften sind, sollte man davon ausgehen, dass diese Botschaften hochgradig implizit gegeben werden: Es genügt daher nicht, sich allein mit dem Text zu befassen und den Text zu analysieren.
- Man muss vielmehr davon ausgehen, dass Images und Appelle vermittelt werden über para- und nonverbale Kanäle, aber auch über das Auftreten der Person, ihr Aussehen, ihre Kleidung, ihre »Accessoires« wie Schmuck, große Agenda etc.
- Also ist es wichtig, bei der Analyse von Images und Appellen *die Person als Ganzes auf sich wirken zu lassen*. Dies impliziert zwei Vorgehensweisen:
  - »Die Person als Ganzes«: Betrachten Sie die Person, und versuchen Sie, sich nicht nur auf bestimmte Aspekte zu konzentrieren, sondern auf viele Aspekte gleichzeitig zu achten: Text, Stimmlage, Betonung, Körperhaltung, Aussehen etc.
  - »Auf sich wirken lassen«: Analysieren Sie nicht im Einzelnen, sondern schalten Sie einen »intuitiv-holistischen Modus« ein: Lassen Sie die Person einfach nur auf sich wirken, denken Sie nicht bewusst nach, lassen Sie Antworten und Eindrücke spontan entstehen. Nur in einem solchen Modus werden Sie in der Lage sein, so viele relevante Informationen parallel zu verarbeiten (sobald Sie bewusst nachdenken, können Sie sich nur noch auf wenige Aspekte konzentrieren; da Sie a priori aber nicht wissen, welche Aspekte wichtig sind, ist der Effekt zufallsabhängig).
- Stellen Sie sich dann einige *Leitfragen*: Diese stellen Sie gewissermaßen offen »in ihren kognitiven Raum«; versuchen Sie nicht, sie bewusst zu beantworten, sondern lassen Sie die Antworten dazu *spontan* entstehen. Die Leitfragen sind sozusagen Aufträge, die man an den intuitiv-holistischen Modus richtet – und dann muss man das System machen lassen! Je stärker Sie versuchen, das System bewusst zu lenken, desto mehr verpfuschen Sie die Effekte!
- Wenn Sie so vorgehen, dann gibt Ihnen das System Antworten: Und diese Antworten notieren Sie kurz und wenden sich dann wieder den Fragen und der Person zu. Auf diese Weise sammeln Sie Images und Appelle – die sie dann erst im nächsten Schritt weiter analysieren!

Lassen Sie die Aktionen auf sich wirken

Schaffen Sie eine Situation, in der Sie die Person beobachten können, während diese eine manipulative Aktion ausführt – ohne dass Sie mit ihr interagieren müssen – denn so können Sie sich voll auf die Person konzentrieren.

Lassen Sie die Person dann nur auf sich wirken. Stellen Sie sich die Leitfragen (▶ Kasten), und lassen Sie dann die Antworten spontan entstehen. Merken Sie sich die Antworten (am besten schreiben Sie sie kurz auf). Auf diese Weise erhalten Sie dann eine Reihe von Images und Appellen.

> **Leitfragen Images**
> Die *Leitfragen*, die man sich im Hinblick auf *Images* stellen sollte, lauten:
> – Was möchte die Person, was der IP über sie (nicht) denken soll; was möchte sie, was der IP von ihr (nicht) glauben soll?
> – Wie möchte die Person vom IP (nicht) gesehen werden?
> – Welches Bild möchte die Person beim IP (nicht) erzeugen?

> **Leitfragen Appelle**
> Die *Leitfragen* im Hinblick auf *Appelle* lauten:
> – Was möchte die Person, was der IP (nicht) tut?
> – Was soll der IP (nicht) für die Person tun?
> – Über welches Handeln des IP würde die Person sich (nicht) freuen?
> – Welches Handeln des IP erwartet die Person (nicht)?

Aussagen notieren

Sobald Sie ein Image identifiziert haben, notieren Sie es kurz und wenden sich dann wieder der Person zu; genauso verfahren Sie,, wenn Sie einen Appell erkannt haben. Denken Sie daran: Die Person sendet immer mehrere (bis viele) Images und Appelle.

Notieren Sie Images sehr kurz und knackig als »Ich-bin-(nicht)-Aussagen«, z. B.:
– Ich bin toll!
– Ich bin etwas Besonderes!
– Ich bin hilflos!
– Ich bin arm dran! etc.

Und notieren Sie Appelle als kurze Imperative, z. B.:
– Tröste mich!
– Sei für mich da!

- Kümmere dich um mich!
- Bestätige mich!
- Rette mich!
- Bewundere mich!

Wenn Sie diese Liste haben, dann wissen Sie,
- wie die Person gesehen werden will bzw. welchen Eindruck sie vermeiden will;
- welche Arten von Handlungen sie erwartet (oder vermeiden will).

Und dann stellen Sie alle Images zusammen, die inhaltlich zusammengehören, und entscheiden, zu welchem Spiel Sie gehören; oder Sie rekonstruieren, welchen »Gesamteindruck« die Person machen will.

Und genauso stellen Sie alle Appelle zusammen, die inhaltlich zusammengehören. Rekonstruieren Sie, was die Person insgesamt will, was ihre »übergreifenden Ziele« sind. Auf diese Weise rekonstruieren Sie übergreifende manipulative Strategien oder komplexe Spiele. Und dann können Sie entscheiden, wie Sie damit umgehen wollen.

Aussagen analysieren

Wie kann man gegen Manipulationen vorgehen?

8.1 Die Vermeidung von Manipulationen – 78

8.2 Die Aufdeckung von Manipulationen – 78

8.3 Die Entwicklung von Gegenstrategien – 80

Im Wesentlichen gibt es drei Maßnahmen gegen Manipulationen:
1. Man geht der Manipulation aus dem Weg.
2. Man deckt die Manipulation auf.
3. Man realisiert Gegenstrategien.

8.1 Die Vermeidung von Manipulationen

Es gibt Manipulationen, die sehr heftig, sehr zwingend und/oder zu einem hohen Grad interaktionstoxisch sind. Diese Manipulationen
- lassen sich dann oft nicht begrenzen, beschränken oder stoppen;
- sind stark einschränkend, grenzüberschreitend, determinierend und unangenehm.

Kontakt vermeiden oder begrenzen

In einem solchen Fall hilft oft nur *Vermeidung:* Man muss den Kontakt zu einem solchen Manipulator abbrechen oder zumindest auf ein Minimum begrenzen. Manchmal haben Partner eine so starke Regel-Setzer-Mentalität, dass sie einem nur die Wahl lassen: »Entweder du tust, was ich von dir will, oder du bekommst heftigen Ärger mit mir.« Wenn man sich hier aber weder determinieren noch ärgern lassen will, bleibt einem nur, sich nach einem anderen Partner umzusehen. Hat man eine Tante, die nur jammert und nörgelt und sich durch nichts davon abbringen lässt, und man sich das Gejammer aber einfach nicht weiter anhören will, dann macht man um die Tante am besten einen galaktischen Bogen: Leider hat man gar keine Zeit mehr, extrem viel Arbeit oder andere gute Ausreden.

Für sich selbst sorgen

Man sollte diesbezüglich auch *für sich selbst sorgen:* Man muss sich nicht jeden Quatsch antun, sich nicht alles gefallen lassen: Wenn jemand Kontakt will, steht es ihm frei, angenehme interaktionelle Umgangsformen zu entwickeln. Wenn man Entertainer spielen soll, ist das okay – für ein Entertainer-Gehalt!

8.2 Die Aufdeckung von Manipulationen

Manipulative Strategien »enttarnen«

Eine meist sehr effektive Strategie im Umgang mit Manipulationen besteht darin, die Manipulation aufzudecken: Da die manipulativen Strategien gewissermaßen »von ihrer Tarnung leben«, können viele Strategien nicht mehr realisiert werden, wenn sie »enttarnt« sind.

Natürlich kann man ein Spiel nur dann enttarnen, wenn man es durchschaut hat: Das Durchschauen eines Spiels ist immer eine Grundvoraussetzung. Hat man ein Spiel »durchschaut«, verstanden, hat man erkannt, was die wesentlichen Komponenten sind, dann kann man diese offen ansprechen, verbalisieren. Und damit kann man dem Spieler deutlich machen,
- dass man das Spiel durchschaut hat,
- dass man sich nun nicht mehr »austricksen« lassen wird,
- dass man (allen) deutlich machen kann, was genau der Manipulator macht,
- dass man (von nun an) Gegenmaßnahmen ergreifen kann.

Sehr oft genügt eine solche Aktion schon, um die Spieler von weiteren Strategien abzuschrecken: Oft können Spieler das Spiel nicht mehr spielen, weil sie fürchten, bloßgestellt zu werden, weil sie nun mit Gegenwehr rechnen oder weil sie erkennen, dass der Interaktionspartner (IP) sich nun nicht mehr manipulieren lassen wird.

Hat man ein Spiel durchschaut, dann kann man (je nachdem, was man verstanden hat) unterschiedliche Komponenten des Spiels transparent machen:

Spiele transparent machen

- Man kann die tatsächlichen interaktionellen Ziele des Spielers aufdecken und damit klarmachen, »worum es eigentlich geht«; sagt jemand etwas von »Rückenschmerzen«, kann man z. B. sagen: »Du möchtest, dass ich dir die Arbeit abnehme.«
- Man kann deutlich machen, dass die Rückenschmerzen vorgeschoben sind, und z. B. sagen: »Du musst keine Schmerzen simulieren, du kannst mir auch direkt sagen, was du möchtest.«
- Man kann deutlich machen, welches Image der Spieler sendet, was man also denken und glauben soll, z. B.: »Du möchtest gerne, dass ich glaube, dass du völlig hilflos bist.«
- Man kann deutlich machen, dass das Image anderen Fakten widerspricht, z. B.: »Ich finde es bemerkenswert, dass du trotz der Rückenschmerzen Tennis spielen kannst. Und ich denke, wer Tennis spielen kann, kann auch den Tisch abräumen.«
- Man kann die eher impliziten Appelle explizit machen. Wenn jemand sagt: »Es geht mir so schlecht«, kann man z. B. sagen: »Möchtest du jetzt eine Runde bedauert werden?«
- Und man kann deutlich machen, dass man nicht daran denkt, den Images zu folgen oder den Appellen nachzukommen: »Ich denke, du kannst den Tisch sehr gut selber decken, ich werde das jedenfalls nicht tun.«

Beispiel

Wenn z. B. jemand das Blöd-Spiel spielt und »die Waschmaschine nicht bedienen kann«, dann kann ich sagen:
- »Du willst dich davor drücken, die Wäsche zu waschen.«
- »Du mit deiner Intelligenz kannst die Wäsche sicher hervorragend selbst waschen.«
- »Du möchtest nur, dass ich die Wäsche für dich wasche.«
- »Ich denke nicht daran, die Wäsche für dich zu waschen.«

Strategien sind konfrontativ

Man sollte sich allerdings klarmachen, dass alle solche Strategien der Aufdeckung *konfrontativ* sind: Konfrontative Strategien sind solche, die einer Person Inhalte deutlich machen, die sie nicht wahrnimmt oder nicht wahrnehmen oder wahrhaben will. Konfrontative Strategien widersprechen damit den Absichten des Manipulators.

Und damit wirken konfrontative Strategien in zweierlei Weise:
- Sie nehmen »Beziehungskredit« in Anspruch: Sie »buchen« sozusagen einen Betrag von dem »Beziehungskonto« bei der Person ab, auf dem man vorher durch angenehme Handlungen »Beträge eingezahlt« hat.
- Sie können die Person zu Gegenmaßnahmen veranlassen.

Beziehungskredit

Das bedeutet also: Deckt man Manipulationen auf, dann bucht man sich dadurch immer selbst Beziehungskredit ab; will man dann trotzdem noch eine gute Beziehung zu der Person behalten, sollte man zusehen, dass man bei solchen Aktionen *über genügend Beziehungskredit verfügt!* Ist dies nicht der Fall, können solche Strategien die Beziehung gefährden – manchmal ist einem das ja auch egal; falls nicht, muss man vorher Beziehungskredit schaffen.

Realisiert eine Person Gegenstrategien, dann muss man ebenfalls mit Gegenstrategien antworten – was uns zum nächsten Kapitel bringt.

8.3 Die Entwicklung von Gegenstrategien

Manchmal kann es günstig sein, auf manipulative Strategien mit Gegenstrategien zu antworten. Solche Gegenstrategien können transparent sein (die tatsächlichen Absichten sind erkennbar) – oder es kann sich um »Gegenspiele« handeln: Durch diese soll der Manipulator auf intransparente Weise »mattgesetzt« werden.

Gegenspiele

Wie oben ausgeführt, reagieren Manipulatoren auf ein Aufdecken des Spiels oft mit einem Gegenspiel. Und dann kann ein weiteres Aufdecken oft nicht reichen, um zu verhindern, dass man dadurch dann doch »verwickelt« wird.

8.3 · Die Entwicklung von Gegenstrategien

Beispiel: Eine Person jammert über »Rückenschmerzen« und will sich davor drücken, den Tisch zu decken. Dann kann der IP das Spiel transparent machen – mit der Äußerung: »Du möchtest, dass ich den Tisch für dich decke.« Nun kann der Spieler schon aufgeben und den Tisch selbst decken: »Nein, so ist das nicht, ich decke den Tisch schon selbst.« Und dann hat der IP mit seinem »Aufdecken« sein Ziel erreicht, nicht manipuliert zu werden.

Leider kann der Manipulator aber auch nach der Devise »Das Imperium schlägt zurück!« handeln, und dann inszeniert er eine »interaktionelle Krise«, z. B.: »Das ist eine Unverschämtheit, mir so etwas zu unterstellen! Mir geht es sowieso schon so schlecht, und dann das auch noch! Immer nörgeln alle an mir rum! Was soll ich denn noch tun, damit man mir glaubt?«

Da so etwas passieren kann, sollte man auch ein Spiel nur dann aufdecken, *wenn man keine Angst vor solchen interaktionellen Krisen hat!* Und wenn man sich entschlossen hat, sich nicht manipulieren zu lassen, sollte man sich auch trauen, solche Krisen bewusst zu provozieren: *Denn tut man es nicht, wird man erpressbar!* Also:
- Keine Angst vor interaktionellen Krisen!
- Wenn man keine Wahl hat, dann provoziert man sie eben!
- Und dann steht man sie durch!

Glücklicherweise gibt es eine *Standardstrategie* zur Bewältigung solcher Krisen (▶ Kasten).

Beispiel

Interaktionelle Krise

> **Standardstrategie zur Bewältigung von interaktionelle Krisen**
> Bricht jemand eine solche Krise vom Zaun, dann geht man wie folgt vor (Sachse 1997, 2002, 2004d):
> - Als Erstes *bleibt man ruhig!* Man macht sich klar, dass es nicht um Kritik geht, sondern dass die Person sich *verteidigt*; also ist klar, dass man »ins Schwarze getroffen« hat und damit völlig richtig liegt.
> - Dann macht man sich klar, dass man nicht als Person gemeint ist: Jeder, der ein Spiel aufdecken würde, würde die »Breitseite« abkriegen!
> - Daher muss man weder verletzt noch beleidigt noch aggressiv reagieren: Man bleibt ganz cool und gelassen! »It's a game – play it!«
> - Und natürlich rechtfertigt man sich auch nicht – wofür auch? Denn täte man das, würde das schnell vom Manipulator als Schwäche ausgelegt!

- Man reagiert aber schnell: Man lässt nicht zu, dass der Manipulator sich hochschaukelt oder »an Boden gewinnt«; denn der Manipulator »redet sich nicht leer« – er redet sich in Rage! Man sollte ihn daher schnell unterbrechen.
- Und damit sollte man das Ganze »herunterholen«: Das macht man am besten mit einer Entschuldigung: Da man sich aber eigentlich gar nicht zu entschuldigen hat, gibt man hier eine Pseudo-Entschuldigung ab; man sagt: »Ich entschuldige mich dafür, dass das so bei dir angekommen ist.« Das ist genau genommen Unsinn, der Manipulator hört aber nur die »Entschuldigung« und ist deshalb schon deutlich weniger »auf Krawall gebürstet«.
- Und dann verwendet man eine klassische Ja-aber-Strategie.
- Im Ja-Teil macht man deutlich, wie »fürsorglich« man im Grunde ist: »Ich sehe ja, wie schlecht es dir geht, und ich würde dir ja auch sehr gerne helfen.«
- Und dann realisiert man den Aber-Teil: »Aber ich denke, du solltest effektiv etwas gegen deine Rückenschmerzen unternehmen, und das Ganze wird auch nicht dadurch besser, dass wir dir alle Arbeit abnehmen – wir wollen ja nicht, dass du völlig von uns abhängig wirst.«

Der Manipulator kann dann noch »einen draufsetzen« und sagen: »Ich habe schon alles versucht, aber es kann mir keiner helfen!« Dann kann man sagen: »Dann musst du wohl lernen, mit deinen Schmerzen zu leben, aber du musst wohl auch lernen, trotzdem selbstständig zu bleiben.«

Hilfreiche Einstellungen

Es ist hilfreich für den IP, der eine solche Strategie realisiert, wenn er sich Folgendes klarmacht:

- Er ist bis zu einem bestimmten Punkt hilfsbereit – darüber hinaus lässt er sich aber nicht ausnutzen.
- Er geht davon aus, dass das Leben und Handeln einer Person *in ihrer Verantwortung* liegt und dass er sie weder retten kann noch retten will.
- Dass er sich auf keinen Fall die Verantwortung zuschanzen lassen will und dass er nicht »die Endstation für den schwarzen Peter« ist.
- Daher ist seine Devise: *Der Versuch der Manipulation ist nicht strafbar – aber zwecklos!*

8.3 · Die Entwicklung von Gegenstrategien

Wenn jemand eine »Erpresser-Strategie« realisiert wie: »Du bist herzlos, wenn du mir nicht hilfst«, dann kann man mit einer Ja-aber-Strategie kontern: Ja: »Nein, ich bin nicht herzlos, ich möchte dir im Gegenteil sehr gerne helfen.« Aber: »Ich möchte dir aber effektiv helfen, und deshalb solltest du einen guten Therapeuten aufsuchen. Wenn wir das alles für dich tun, machen wir dich nur noch abhängiger, und das wollen wir auf keinen Fall.«

Falls der Manipulator dann kontert: »Ich bin aber zu krank, um zu einem Therapeuten zu gehen« (das ist keine Fiktion, das habe ich alles schon gehört!), dann kann man kontern: »Dann musst du in eine Klinik gehen. Und wenn du dich unbedingt zugrunde richten willst, dann musst du das tun – aber wir werden dir nicht dabei helfen.«

Letztlich kann es hier »hart auf hart« kommen, und man kommt als IP nur dann »aus der Nummer raus«, wenn man eisern bleibt – bricht der Manipulator die Beziehung ab, dann tut er das eben – es ist *seine* Entscheidung. Und wenn er »irrwitzigerweise« äußert: »Du zwingst mich, die Beziehung zu dir abzubrechen«, dann muss man sich klarmachen, dass dies »Terroristenlogik« ist – im Sinne von: »Wenn Sie das Lösegeld nicht zahlen, dann haben *Sie* die Geisel umgebracht« – es gibt Dinge in diesem Universum, die muss man nicht mitmachen und die muss man auch nicht mit sich machen lassen – *hier hilft nur eine konsequente, harte Linie*. Und meist sind es dann die Manipulatoren, die nach dem Beziehungsabbruch wieder klein beigeben, anrufen und sagen: »Ich wollte nur mal hören, wie es dir geht…«.

Man kann ein Gegenspiel besonders dann gut spielen,
- wenn man den Spieler und das Spiel gut kennt;
- wenn man weiß, was die Ziele, Images, Appelle sind;
- wenn man weiß, worauf der Spieler allergisch reagiert und auf was er »gut anspringt«.

Dann kann man es schaffen, das Spiel so zu gestalten, dass es »*an die Struktur des Spielers andockt*«. In einer solchen Konstellation wird der Spieler die Komponenten des Spiels akzeptieren – und es überzeugend finden.

> **Gegenstrategie »Trojanisches Pferd«**
> Anstatt gegen eine Festung anzurennen und zu kämpfen, verpackt man das, was der Spieler glauben und tun soll, in eine Form, die der Spieler attraktiv findet, stellt das Ganze vor die Festung und – der Spieler zieht es selber rein!

Marginalien: Ja-aber-Strategie · Terroristenlogik · An den Spieler »andocken«

Hat man z. B. eine Person mit einem »Mobbing-Opfer-Spiel«, die behauptet, sie werde von XY gemobbt, wisse aber gar nicht, warum, und könne auch überhaupt nichts dafür, dann macht es wenig Sinn, ihr zu sagen,
- sie sei mitverantwortlich: denn dann wird sie u. U. reaktant, also vertritt ihren Standpunkt noch vehementer;
- sie verstehe XY nicht oder bemühe sich gar nicht darum, XY zu verstehen – denn dann ist sie u. U. beleidigt und kündigt jede Art von Mitarbeit auf.

Ist die Person aber davon überzeugt,
- dass sie Recht hat,
- dass sie intelligent ist,
- dass sie gute Fähigkeiten hat,

dann kann man ein Trojanisches Pferd entwickeln, das genau an diese Struktur »andockt«.

Beispiel

Also sagt man der Person:
- »Sie und XY haben ein Problem.«
- »Wenn Sie aber mit XY ein Problem haben, das Sie nicht lösen können, dann kann das bei Ihrer Intelligenz ja nur heißen, dass XY etwas macht, was nur schwer zu durchschauen ist.«
- »Und wenn XY etwas macht, was nur schwer zu durchschauen ist, dann muss XY ein starker Gegner sein.«
- »Also ist die Auseinandersetzung mit XY eine besondere Herausforderung.«
- »Und deshalb wäre es doch gut, wir würden uns mal genauer mit XY befassen und versuchen herauszufinden, was XY eigentlich will, was er macht.«
- »Eine solche Analyse ist nie einfach, aber ich denke, jemand mit Ihrer Intelligenz sollte das hinkriegen.«

Mit diesem Vorgehen bringe ich die Person dazu, »Empathie« zu üben: Die Person denkt jetzt nicht: »Ich bin zu blöd, XY zu verstehen, also brauche ich Nachhilfe«, sie denkt vielmehr: »XY zu verstehen, ist eine schwierige Aufgabe, und der sollte ich mich stellen!«

Die Person sollte es selbst wollen

Also veranlasst man die Person zu etwas, was sie eigentlich nicht tun wollte, was aber *für sie gut und konstruktiv ist*; und man zwingt die Person nicht, sondern *man veranlasst die Person, es selbst zu wollen*.

Selbsttäuschung

9.1	Was ist Selbsttäuschung? – 86	
9.2	Wozu dient Selbsttäuschung? – 87	
9.3	Vorsicht mit Bewertungen! – 90	
9.4	Selbsttäuschung – ein motivationales Phänomen – 90	
9.5	Die Stärke der Überzeugung – 92	
9.6	**Die Stärke des Glaubens – 92**	
9.6.1	Zweifel – die Kollision mit dem Realitätssystem – 92	
9.6.2	Ausmaß der Realitätsverzerrung – 93	
9.6.3	Ausmaß des Zweifels – 94	
9.6.4	Die resultierende Überzeugung – 95	

Selbsttäuschung ist schwer zu analysieren

Im Folgenden möchte ich mich mit dem Phänomen der Selbsttäuschung befassen. Bedauerlicherweise muss man sagen, dass man darüber weit weniger weiß als über Manipulation: Der wesentliche Grund dafür ist, dass Selbsttäuschung nur *intern*, also *in der Person*, abläuft und daher nicht direkt erkennbar ist. Und: Da die Person sich selbst täuscht, wird sie kaum zutreffend Auskunft darüber geben! Selbsttäuschung *ist daher sehr schwer zu analysieren*.

Man kann Selbsttäuschung manchmal in einem psychotherapeutischen Prozess analysieren, wenn sich Klienten durch die Therapie trauen, ihre Selbsttäuschung aufzugeben: Dann geben sie den Therapeuten Einblick in ihre Strategien, ihre Gründe und die daraus resultierenden Probleme. Daher kann man als Therapeut etwas Einblick in das Phänomen bekommen; leider weiß man aber auch dadurch noch nicht sehr viel – aber einige Einblicke kann man geben, und das will ich hier tun.

9.1 Was ist Selbsttäuschung?

Menschen erzeugen Bilder über sich selbst; sie zeichnen ein Bild von sich – wobei sie sich selbst positiv darstellen: z. B. als intelligent, mutig, hilfsbereit weltgewandt Menschen bilden also ein Image von sich selbst – ich habe es in ▶ Kap. 1 als *Selbst-Image* bezeichnet.

Selbst-Image

Ein Selbst-Image ist aber noch nicht notwendigerweise eine Selbsttäuschung: Denn man kann auch ein Image von sich selbst bilden, das der Realität weitgehend entspricht. Man macht sich ein Bild von sich selbst als intelligenten Menschen – und alle Schulnoten, Erfolge etc. weisen darauf hin, dass man wirklich intelligent ist. In diesem Fall ist das Image realistisch und keine Täuschung.

Abweichung von der Realität

Ein Selbst-Image ist nur dann eine *Selbsttäuschung*, wenn es *nicht* der Realität entspricht: Wenn man etwas über sich annimmt, für das es keine Beweise gibt, keine Fakten, die die Annahmen bestätigen, oder wenn es sogar Fakten gibt, die das Gegenteil anzeigen: Man bildet das Image von sich, intelligent zu sein, obwohl man schlechte Schulnoten hatte, obwohl man keinen Schulabschluss hat und obwohl man wenig »auf die Reihe bekommen hat«.

Selbsttäuschung bedeutet also, dass man sich selbst über sich selbst etwas vormacht, dass man also ein Selbst-Image konstruiert, das nicht durch Fakten belegbar ist oder das sogar Fakten widerspricht: Man bildet ein Image, das man glaubt und glauben will, obwohl es »der Realität« nicht entspricht.

So entwickelt man z. B. das Selbst-Image »Ich bin kreativ«, obwohl man noch nie etwas Kreatives gemacht hat; aber dennoch glaubt man es von sich; man entwickelt das Selbst-Image »Ich sehe gut aus und habe Erfolg bei Frauen«, obwohl man nur wenige »Dates« und nur wenige Beziehungen hatte; aber man glaubt es »trotzdem« von sich.

> **Selbsttäuschung**
> Selbsttäuschung bedeutet, dass man Selbst-Images über sich entwickelt,
> - die positiv, wünschenswert, erstrebenswert o. Ä. sind,
> - die sich aber nicht durch »Fakten« belegen lassen oder den Fakten (deutlich) widersprechen,
> - die man aber (dennoch) selbst glauben will.

Ein Selbst-Image kann dabei im Extremfall nur eine einzelne Annahme enthalten (»Ich bin attraktiv«), meist enthält es aber mehrere, miteinander verbundene Annahmen.

9.2 Wozu dient Selbsttäuschung?

Man muss sich psychologisch klarmachen: Selbsttäuschung ist aufwendig und anstrengend – und deshalb betreibt man Selbsttäuschung nicht »zum Spaß«. Man betreibt Selbsttäuschung nur dann, wenn man etwas davon hat, *also wenn man gute Gründe dafür hat*.

Und die Hauptgründe, die Personen zur Selbsttäuschung veranlassen, sind:
- innere Standards,
- negative Selbst-Schemata.

Psychologische Gründe

Was die »inneren Standards« betrifft, so muss man davon ausgehen, dass Menschen ein sog. »Ideal-Selbst« aufweisen, also eine Vorstellung davon, wie sie gerne sein würden, welche Eigenschaften sie haben möchten usw. Dieses Ideal-Selbst kann für eine Person ein *Ziel* sein, etwas, was sie anstrebt, was sie erreichen will. Dieses Ideal-Selbst bildet dann einen Standard, ein Muss, an dem man sich selbst misst. Und wenn man es nicht erreicht, erzeugt das negative Gefühle und einen starken Anreiz, diesen Standard zu erfüllen (Baumeister 2009; Higgins 2009; James 2009; Kuhl 2001; Leary et al. 2009; Mummendey 2006).

Ideal-Selbst

Normen

Personen weisen jedoch auch *Normen* auf, also innere Vorschriften, wie sie sein sollten oder sein müssen: Solche Normen üben einen starken Druck auf die Person aus (viel stärker als ein Ideal-Selbst!), so zu sein, wie die Norm es vorschreibt. Die Norm kann z. B. vorschreiben, »dass man unbedingt erfolgreich sein muss«, »dass man auf alle Fälle über bestimmte Kompetenzen verfügen muss« etc.

»Schlechtes Gewissen«

Auch die Norm erzeugt einen Standard – und wenn man diesen nicht erfüllt, hat man »ein schlechtes Gewissen«, fühlt sich unwohl und unzufrieden, »steht unter Spannung« und produziert viele negative Gefühle.

Nun kann die Person aber die Annahme haben, dass sie diese Standards erfüllen kann oder wird – vielleicht nicht sofort und nicht schnell, aber letztlich doch: In diesem Fall kann sie einfach an der Zielerreichung arbeiten; sie benötigt dann aber gar keine Maßnahmen der Selbsttäuschung, denn sie kann ja davon ausgehen, dass sie die Standards auf »ehrliche« Weise erreichen kann.

Eine Tendenz zur Selbsttäuschung entsteht erst dann, wenn die Person annimmt, dass sie die Standards *nicht* erreichen kann (z. B. weil sie glaubt, dass sie dazu nicht kompetent genug ist). Dann hat die Person die unangenehme Situation,

- dass die Standards (aus ihrer Sicht) erfüllt sein müssen,
- dass sie aber nicht glaubt, dass sie sie erfüllen kann und
- dass die Nicht-Erfüllung viele negative Affekte erzeugt.

Daraus resultiert ein starker Druck, die Standards »doch irgendwie« zu erfüllen. Hierfür kommt dann logischerweise nur Selbsttäuschung infrage: Man muss sich selbst vormachen, man hätte die Standards erfüllt. Also konstruiert man Selbst-Images, die vorspiegeln, dass man intelligent, erfolgreich usw. sei!

Negative Selbst-Schemata

Ein zweiter Faktor kommt hinzu: Personen können in ihrer Biografie sog. »negative Selbst-Schemata« lernen. In diesem Fall haben sie negative Annahmen über sich selbst, die sie durch Erfahrung gelernt haben (Sachse 2003b; Sachse et al. 2009; Sachse et al. 2008).

Erhält eine Person z. B. durch ihre Eltern immer und immer wieder Rückmeldungen wie

- »Du kannst nichts«,
- »Du schaffst nichts«,
- »Du bist nicht intelligent«,
- »Du bist schlecht« usw.,

dann *glaubt* die Person diese Annahmen von sich selbst – auch dann, wenn sie gar nicht stimmen!

Dann bildet sich ein Schema mit Annahmen wie:
- »Ich bin inkompetent.«
- »Ich kann mir nichts zutrauen.«
- »Ich bekomme nichts hin.«
- »Ich werde scheitern.«

Wir bezeichnen solche Komplexe von Annahmen als *negative Selbst-Schemata*.

Hat eine Person solche negativen Selbst-Schemata entwickelt, dann geht sie in hohem Maße davon aus, dass sie die oben beschriebenen Standards nicht erfüllen kann: Sie kann gar nicht »erfolgreich« werden, weil sie ja inkompetent ist! Und damit führen negative Selbst-Schemata mit hoher Wahrscheinlichkeit *zu einer starken Tendenz zur Selbsttäuschung*.

Negative Selbst-Schemata wirken jedoch noch auf einem anderen Wege: Solche Schemata lassen sich meist durch positive Erfahrungen nicht verändern; sie wirken sich jedoch stark negativ aus: Sie erzeugen negative Affekte, Selbstzweifel, Unzufriedenheit etc.

Und daraus resultiert eine *starke Tendenz zur Kompensation*, also dazu, dem negativen Schema ein positives Bild entgegenzusetzen, das es gewissermaßen »in Schach hält«. Ein solches positives Bild kann eine Person prinzipiell natürlich auch durch reale Leistungen und reale Erfolge, also ohne Selbsttäuschung schaffen – dies ist aber schwierig, und es reicht oft nicht aus. Also entsteht auch hier eine starke Tendenz zur Selbsttäuschung: eine Tendenz, ein (illusionäres) Selbst-Image zur Kompensation zu bilden oder zumindest ein reales Selbstbild noch durch ein zusätzliches Selbst-Image »aufzupolieren« (Sachse et al. 2011).

Auf diese Weise kann man real Erfolge haben und ein reales Bild von sich, dass man »gut« ist; man kann aber auch den Eindruck haben, dass man dadurch das negative Selbst-Schema noch nicht ausreichend kompensieren kann: Also bildet man ein Selbst-Image, dass man »toll« ist, nicht nur intelligent, sondern »superintelligent«, nicht nur kompetent, sondern ein »Alleskönner«.

Versuche, negative Schemata zu kompensieren

Positive Images

> **Negative Affekte**
> Die Tendenz zur Selbsttäuschung resultiert vor allem aus dem Versuch, negative Affekte zu reduzieren; und diese resultieren aus der Annahme, dass man wichtige Standards nicht erfüllen oder negative Selbst-Schemata nicht kompensieren kann.

Interne Regulation

Wie in ▶ Kap. 1 schon ausgeführt, kann eine Tendenz zur Selbsttäuschung auch daraus resultieren, dass eine Person versucht, durch eine Selbsttäuschung andere besser täuschen zu können (Trivers 2013). Eine solche Tendenz kann durchaus eine Rolle spielen, ich halte dies jedoch für sekundär: Aus meiner Sicht ist Selbsttäuschung in erster Linie ein Aspekt der *internen Regulation*: Man reguliert damit innere Probleme. Erst in zweiter Linie geht es um eine externe Regulation, also darum, besser manipulieren zu können.

9.3 Vorsicht mit Bewertungen!

Selbsttäuschung ist normal

Beim Umgang mit dem Begriff »Selbsttäuschung« ist ähnliche Vorsicht geboten wie beim Umgang mit dem Begriff »Manipulation«: Genau wie beim Thema Manipulation muss man davon ausgehen, dass *jeder Mensch* in einem gewissen Umfang Selbsttäuschung betreibt. Wir alle machen uns in bestimmten Bereichen etwas vor, und in vielen Fällen ist dies auch gar nicht problematisch. Und wer behauptet, er betreibe keinerlei Selbsttäuschung, ist wahrscheinlich ein gnadenloser Selbsttäuscher!

Da wir alle Selbsttäuschung betreiben, wäre es völlig fatal, diese als etwas Verwerfliches anzusehen. Im Gegenteil: Selbsttäuschung ist völlig normal und auch in gewissem Ausmaß notwendig. Wie bei einer Manipulation kommt es aber auch hier auf die *Dosis* an – und es kommt auch auf die *Art* der Selbsttäuschung an: *Also ist Selbsttäuschung an sich gar nicht das Problem.*

9.4 Selbsttäuschung – ein motivationales Phänomen

Psychologisch kann man (sehr grob und vereinfacht) zwei Systeme unterscheiden:

Realitätssystem
- »Realitätssystem«: Dessen Aufgabe besteht darin, die *Realität* zu analysieren, ein Modell von der Realität zu bilden und *in der Realität gut zurechtzukommen*. Es ist gewissermaßen das »Außenministerium« einer Person.

Motivationssystem
- »Motivationssystem«: Dessen Aufgabe ist es, die Bedürfnisse der Person zu kennen und dafür zu sorgen, dass Motive, Ziele, Werte der Person realisiert werden: Hier geht es darum, Zufriedenheit zu erreichen, innere Stimmigkeit. Es ist gewissermaßen das »Innenministerium« einer Person (Püschel & Sachse 2009).

9.4 · Selbsttäuschung – ein motivationales Phänomen

Wie wir gesehen haben, geht es bei Selbsttäuschung im Wesentlichen um eine interne Regulation: Um die Reduktion negativer Affekte, um die Schaffung von Kompensation, also gewissermaßen *um die Herstellung innerer Stimmigkeit*. Die Konstruktion eines Selbst-Images dient dazu, den »Selbstwert« zu erhöhen und negative Effekte zu vermindern.

Alle diese internen Regulationsfunktionen kann ein Selbst-Image aber nur erfüllen, wenn die Person dieses Image selbst *glaubt:* Wenn die Person glaubt, dass das Image stimmt, »wahr ist«, zutreffend ist; denn wenn die Person dies gar nicht glaubt, dann ist das Image wirkungslos. *Und damit ist die Tendenz, ein Selbst-Image zu schaffen, immer auch eine Tendenz, dieses Image zu glauben.*

Weil das Selbst-Image eine wichtige Funktion hat und weil es eine regulative Funktion *erfüllen soll, will die Person das Selbst-Image glauben;* sie ist *motiviert, das Image zu glauben.*

Selbstwerterhöhung

Glauben

> **Glauben: ein Aspekt des Motivationssystems**
> Glauben ist immer ein Aspekt des Motivationssystems, kein Aspekt des Realitätssystems: Dinge, Aspekte, Annahmen, die einer Person wichtig sind, die eine wichtige interne Funktion haben, die Motive, Ziele oder Werte befriedigen, will man glauben, also man will sie für sich selbst als zutreffend, »wahr« definieren, als eine Art »inneren Halt« oder »innere Stütze«. Dabei ist es dem Motivationssystem völlig egal, ob die Annahmen tatsächlich mit der Realität übereinstimmen oder nicht: Diese »externe Gültigkeit« ist für das Motivationssystem nicht wichtig; wichtig ist nur die interne Funktion.

Es geht um »Glauben«, und Glauben ist ein Aspekt des Motivationssystems, nicht des Realitätssystems: Man will Dinge glauben, weil sie wichtig sind, weil sie Bedrohungen reduzieren, weil sie Selbstwert steigern, beruhigen, Sicherheit geben etc.; man will sie nicht glauben, weil sie der Realität entsprechen, sondern weil sie der internen Regulation dienen. Und weil sie der internen Regulation gut bis sehr gut dienen, nimmt man in Kauf, dass das Geglaubte mit der Realität »kollidiert« – notfalls macht man dann Zusatzannahmen, mit deren Hilfe man versucht, die Diskrepanzen wieder zu reduzieren.

> **Man glaubt ein Selbst-Image, weil man es glauben will; und man will es glauben, weil es viele interne Vorteile bringt – nicht, weil »es stimmt«!**

9.5 Die Stärke der Überzeugung

Wenn eine Person ein Selbst-Image konstruiert, dann kann sie in unterschiedlichem Ausmaß von diesem Image überzeugt sein. Und diese Überzeugung setzt sich aus zwei Komponenten zusammen: der Stärke des Glaubens und dem Ausmaß des Zweifels, wobei folgende Formel gilt:

$$(\textit{Stärke der Überzeugung}) = (\textit{Stärke des Glaubens}) - (\textit{Ausmaß des Zweifels})$$

9.6 Die Stärke des Glaubens

Wie ausgeführt, resultiert der Glaube an ein Selbst-Image aus dem Motivationssystem. Und die Stärke des Glaubens kann variieren: von sehr schwach bis extrem stark.

Glaubensstärke

Das Ausmaß der Glaubensstärke hängt davon ab, welche Funktion das geglaubte Selbst-Image hat: Hat das konstruierte Selbst-Image nur eine schwache Funktion, kompensiert es wenig oder ist es nicht sehr wesentlich, um einen Standard zu erfüllen, dann ist der Glaube daran auch nur schwach; hat das Selbst-Image keine wichtige Funktion, muss die Person auch nicht stark daran glauben. Erfüllt das Selbst-Image jedoch eine sehr wichtige Funktion, dann ist es für die Person sehr wertvoll: In diesem Fall will die Person auf alle Fälle an diesem Image festhalten, sie will in hohem Maße daran glauben!

Wie nötig ist das Image?

Und auch umgekehrt gilt: Sieht man, dass eine Person ein Image sehr fest glauben will, dann kann man schließen, dass dieses Image eine sehr wichtige internale Funktion haben muss; die Person *braucht* dieses Image in hohem Maße!

9.6.1 Zweifel – die Kollision mit dem Realitätssystem

Sind die Annahmen realistisch?

Wie wir gesehen haben, definiert das Motivationssystem ein Selbst-Image durch den Glauben als »wahr«, völlig unabhängig von seinem tatsächlichen Realitätsbezug. Dieser Realitätsbezug wird aber durch das Realitätssystem hergestellt: Dieses System kann nun aber feststellen, ob die Annahmen des Selbst-Images durch Fakten oder Schlussfolgerungen gestützt werden, nicht gestützt werden oder ob sie sogar Fakten und Schlussfolgerungen widersprechen. Und je nach Ergebnis dieser Analyse produziert das Realitätssystem *Zweifel:* Und diese Zweifel sind das Gegenstück zum Glauben; der Zweifel bildet sozusagen ein »Gegengewicht« der Realitätsorientierung zu der starken Motivationsorientierung des Glaubens.

Das Ausmaß des produzierten Zweifels hängt stark vom Ausmaß ab, in dem das Selbst-Image die Realität verzerrt.

9.6.2 Ausmaß der Realitätsverzerrung

Verzerrung der Realität ist kein Alles-oder-nichts-Phänomen: Eine Annahme kann die Realität in unterschiedlichem Ausmaß verzerren. Man kann ein Selbst-Image bilden, das die Realität recht gut abbildet – in dem Fall liegt gar keine Realitätsverzerrung und damit auch keine Selbsttäuschung vor. Man kann aber auch ein Selbst-Image produzieren, das erheblich von der Realität abweicht – und produziert damit ein sehr hohes Ausmaß an Selbsttäuschung. Man kann grob fünf Stufen von Realitätsverzerrung unterscheiden.

Fünf Stufen der Realitätsverzerrung

Stufe 0 Das Selbst-Image, das eine Person bildet, entspricht »harten Fakten«, sehr gut belegten Schlussfolgerungen und kann damit als sehr gut nachgewiesen gelten – es entspricht der Realität so gut, wie man es überhaupt nachweisen kann. Glaubt die Person dieses Image, dann ist dieser Glaube mit der Realität vollkommen kompatibel.

Stufe 1 Das Selbst-Image entspricht Fakten; diese sind nicht zweifelsfrei nachgewiesen, können aber als valide (gültig) angesehen werden; oder das Image beruht auf plausiblen Schlussfolgerungen – es kann immer noch als recht gut bestätigt angesehen werden. Im Alltag genügt das in aller Regel, um als realitätsangemessen zu gelten. Glaubt die Person dieses Image, dann ist der Glaube mit der Realität weitgehend kompatibel.

Stufe 2 Das Selbst-Image ist nicht durch Fakten irgendeiner Art gestützt; es lässt sich auch aus nichts belegbar schlussfolgern. Es ist eine nicht bewiesene Annahme (die allerdings auch keinen Fakten oder Schlüssen widerspricht). Glaubt die Person diese Annahme, dann kann sie sich dabei nicht auf die Realität stützen.

Stufe 3 Das Selbst-Image der Person widerspricht Fakten, die vorliegen, die allerdings selbst nicht sehr stark gestützt werden, aber plausibel sind; oder es widerspricht plausiblen Schlussfolgerungen. Glaubt die Person dieses Image, dann glaubt sie es *gegen die Realität*.

Stufe 4 Das Selbst-Image der Person widerspricht »harten Fakten«, also Fakten, die gut gesichert sind, oder es widerspricht gut belegbaren Schlussfolgerungen. Glaubt die Person dieses Image, dann glaubt sie es *im krassen Gegensatz zur Realität*; in diesem Fall liegt also eine massive Realitätsverzerrung vor.

Wie oft findet man welche Verzerrungen?

Verbreitung Realitätsverzerrungen der Stufe 2 sind recht weit verbreitet: Viele Menschen »polieren ihren Selbstwert auf«, indem sie Dinge von sich glauben, für die sie gar keine Beweise haben: dass sie im Ernstfall mutig wären (obwohl ihnen die Erfahrung dazu fehlt); dass sie im Bedarfsfall hilfsbereit wären (obwohl sie es noch nie waren); dass sie sich in fremden Städten gut orientieren könnten (obwohl sie das noch nie mussten) etc. Die Logik ist recht einfach: Wenn man etwas über sich nicht weiß, nimmt man einfach das Beste über sich an (und hofft, dass man es nicht testen muss!).

Massive Realitätsverzerrungen der Stufe 4 sieht man oft bei sog. »erfolglosen Narzissten«, die z. B. keinen Schulabschluss haben, keine Lehre gemacht haben, über nur wenige Kompetenzen verfügen, aber glauben, sie könnten »Bundesminister« werden (wir wollen es nicht hoffen!) oder »in Hollywood groß rauskommen«: Solche Verzerrungen kann man zurecht als »krass« bezeichnen und man versteht sie auch nur dann, wenn man bedenkt, dass diese Personen derart massive Selbstzweifel aufweisen, dass sie solche Selbst-Images dringend als Kompensation brauchen.

9.6.3 Ausmaß des Zweifels

Natürlich hängt das Ausmaß des Zweifels, das das Realitätssystem erzeugt, mit dem Ausmaß der Realitätsverzerrung zusammen. Bei den Stufen 0 und 1 entstehen gar keine Zweifel: Das Geglaubte entspricht der Realität, und es entstehen auf diese Weise keine internen Konflikte; Zweifel kommen nicht auf.

Zweifel

Aber schon bei Stufe 2 entstehen Zweifel: Lässt sich eine Annahme nicht durch Fakten oder belegbare Schlussfolgerungen absichern, sind (ernste) Zweifel an der Realitätsangemessenheit einer Annahme angebracht; man kann hoffen, die Annahme »irgendwann« zu bestätigen, aber auch das kann lediglich eine »Ausrede« sein. Das Realitätssystem kann in diesem Fall schon (deutliche) Zweifel erzeugen.

Starke Zweifel

Sehr starke Zweifel entstehen aber bei den Stufen 3 und 4: Widerspricht die geglaubte Annahme Fakten oder belegten Schlussfolgerungen, dann kann eindeutig »etwas nicht stimmen«. Hat eine Person dies erst einmal erkannt, dann lässt sich der Zweifel in der Regel auch nicht mehr beseitigen: Er »setzt sich fest« und wird mit der Zeit größer.

Man muss auch beachten, dass eine Person, die von sich selbst etwas glauben will, was den Tatsachen nicht entspricht, mit sehr hoher Wahrscheinlichkeit immer wieder Erfahrungen machen wird, die die Zweifel nähren: Wenn sie von sich selbst glauben will, dass sie erfolgreich ist, es aber nicht ist, dann wird sie immer wieder, vielleicht täglich, Rückmeldungen bekommen, dass sie versagt, schlechter ist als andere oder nicht so viel wert etc. Und jede dieser Erfahrungen wird die Zweifel aktualisieren und stärken: Auch aus diesem Grunde wird die Person die Zweifel nicht mehr los!

Zweifel können stärker werden

9.6.4 Die resultierende Überzeugung

Wir haben gesehen, dass die Überzeugung, die eine Person von einem Selbst-Image hat, sich aus Glauben und Zweifel zusammensetzt:

$$(\textit{Stärke der Überzeugung}) = (\textit{Stärke des Glaubens}) \\ - (\textit{Ausmaß des Zweifels})$$

Und wir haben dargestellt, dass bei einer Selbsttäuschung die Person ein Selbst-Image produziert, das der Realität nicht entspricht. In einem solchen Fall kann das Realitätssystem Zweifel produzieren: Und ich persönlich denke nach allen Therapieerfahrungen und aufgrund meines Wissens als Psychologe, dass es sehr unwahrscheinlich ist, dass es Personen gibt, deren Realitätssystem in solchen Fällen *keinen* Zweifel produziert. Und wenn das stimmt, dann bedeutet das: Im Falle von Selbsttäuschung ist der Glaube an ein Selbst-Image nie unangefochten; neben dem Glauben haben die Personen immer auch einen (mehr oder weniger ausgeprägten) Zweifel, oder anders gesagt: *Sie nehmen sich die Selbsttäuschung nie völlig ab.*

Selbsttäuschungen zu glauben, ist aufwendig

> **Merkmale von Selbsttäuschung**
> – Selbsttäuschung führt immer zu inneren Widersprüchen, inneren Konflikten (zwischen Glauben und Zweifeln).
> – Selbsttäuschung ist immer eine Konstruktion, also ist sie kapazitätsaufwendig.

> — Selbsttäuschung muss immer aufrechterhalten, immer neu erzeugt werden; sie muss gegen innere Widerstände durchgesetzt werden.

Man muss hier zudem beachten, dass das Motivationssystem ein *dynamisches System* ist: Wenn es erkennt, dass Annahmen, die ihm wichtig sind und die es glauben will, durch Zweifel bedroht werden, dann werden die derart »bedrohten« Annahmen dadurch noch wichtiger: Und dies stärkt die Tendenz, die Annahmen glauben zu wollen: *Dadurch wird der Glaube an die Annahmen künstlich erhöht* (wichtig dabei ist, dass das Motivationssystem sich nicht an »Realitätsprinzipien« halten muss!). Dadurch kann die Relevanz des Zweifels wieder vermindert werden: Auf diese Weise kann es dazu kommen, dass existierende Zweifel praktisch »niedergeknüppelt« werden und so kaum noch Einfluss gewinnen. Das Motivationssystem dominiert das Realitätssystem. Und auf diese Weise können Personen dann auch Selbst-Images entwickeln, bei denen man als Hörer denkt: »Das kann der Betreffende doch unmöglich ernst meinen!?«, z. B. die zitierte Aussage: »Ich werde auf jeden Fall noch Bundesminister.«

Die Elaboration von Selbst-Images

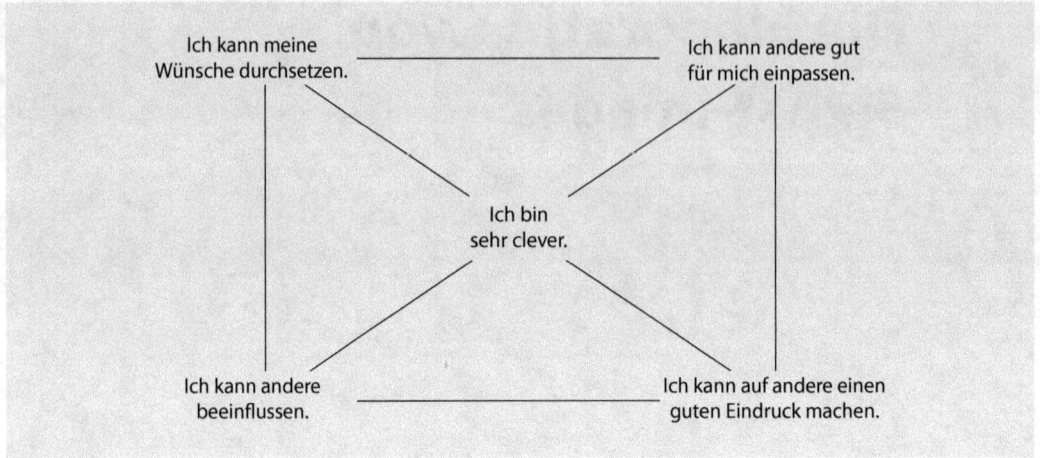

Abb. 10.1 Ein Selbst-Image besteht aus mehreren, zusammenhängenden Annahmen

Ein wesentlicher Aspekt von Selbst-Images betrifft deren Elaboration, d. h. das Ausmaß ihrer Ausgestaltung. In seltenen Fällen kann ein Selbst-Image sehr einfach sein und nur aus einer einzelnen Annahme bestehen (z. B.: »Ich bin sehr clever«). In aller Regel sind Selbst-Images aber komplexer: Sie bestehen aus mehreren, zusammenhängenden Annahmen ◘ Abb. 10.1.

Manche Selbst-Images sind hoch komplex und damit sehr elaboriert: Sie enthalten viele, miteinander verwobene Annahmen; Annahmen, die sich ergänzen, stützen, erläutern, verstärken usw. Personen, die sehr gut elaborierte Selbst-Images haben, bilden aber meist nicht nur Annahmen: Sie produzieren auch dazu passende Erinnerungen (die nie stattgefunden haben), fälschen ihre Biografie und »erfinden sich neu«.

Selbst-Images werden abgesichert

Eine Person, die ein elaboriertes Selbst-Image aufbaut (z. B. toll, kompetent, leistungsfähig und erfolgreich zu sein), kann z. B.
- Situationen aus ihrer Biografie, in denen sie gescheitert ist, systematisch aus dem Gedächtnis tilgen; solche Situationen hat es dann »nie gegeben« (»Ich bin nie durch irgendeine Prüfung gefallen«);
- Situationen in ihrem Gedächtnis erfinden, die es nie gegeben hat, und glauben, dass diese authentisch sind: »1963 bin ich mal dem Präsidenten vorgestellt worden – ein sehr netter Mann«;
- ihre Biografie »fälschen«, indem sie z. B. glaubt, ihr Vater sei auch schon sehr erfolgreich gewesen (was nicht stimmt), sie sei schon in der Grundschule von Mitschülern bewundert worden (was nicht zutrifft) oder die Schule sei ihr »immer leicht gefallen« usw.

Die Elaboration von Selbst-Images

Auf diese Weise kann ein Selbst-Image sehr umfassend, sehr ausgearbeitet, stark in sich abgestützt sein; ein solches Image ist dann natürlich auch leichter zu glauben, weil es sich ja quasi »selbst beweist«.

Kosten der Selbsttäuschung

11.1 Kosten in der Realität – 102

11.2 Interne Kosten der Selbsttäuschung – 104

Wie wir gesehen haben, hat Selbsttäuschung viele Vorteile: Hätte sie es nicht, würde auch niemand so etwas wie Selbsttäuschung realisieren. Aber, wie immer im Leben, bekommt man auch hier nichts geschenkt: Auch Selbsttäuschung hat Kosten. Wie hoch diese sind und welcher Art sie sind, hängt allerdings stark vom Ausmaß und von der Art der Selbsttäuschung ab.

11.1 Kosten in der Realität

Eine wichtige Frage ist, welche Kosten durch Selbsttäuschung in der Realität entstehen können: Also in Bezug zur realen Umgebung, in Bezug zu realen Mitmenschen usw. Wir wollen uns hier mit den Konsequenzen befassen, die entstehen können, wenn eine Person ein Selbst-Image der Stufen 2, 3 oder 4 (▶ Abschn. 9.6.2) erzeugt, also Annahmen produziert, die der Realität nicht entsprechen bzw. die der Realität widersprechen.

Konsequenzen

Analysiert man hier die Konsequenzen, die eintreten können, dann sieht man, dass es drei Arten von Konsequenzen geben kann:
1. *Neutrale Konsequenzen:* Entweder resultieren gar keine Konsequenzen – oder die Konsequenzen haben keine erkennbare Relevanz, sie sind »neutral« für die Person.
2. *Positive Konsequenzen:* Die resultierenden Konsequenzen sind positiv, wirken sich also für die Person positiv aus.
3. *Negative Konsequenzen:* Die resultierenden Konsequenzen wirken sich für die Person und auf die Person negativ aus.

Eine Person kann Selbst-Images haben, die sich in der Realität praktisch nicht auswirken: Nimmt eine Person z. B. von sich an, »in Extremfällen mutig zu sein«, dann hat das keine Auswirkungen, da Extremfälle praktisch nie eintreten und die Annahme auf diese Weise in der Realität nicht überprüft wird: Die Person kann mit dieser Annahme »glücklich leben bis an ihr Ende«.

Solange ein Selbst-Image keine unmittelbaren Handlungskonsequenzen hat, wirkt es sich meist auch nicht auf die Realität aus: Man kann still für sich alles Mögliche über sich selbst glauben, ohne dass es sich irgendwie nach außen auswirkt.

Manche Selbsttäuschung wirkt positiv

Es mag auf den ersten Blick befremdlich wirken, aber es gibt durchaus Selbst-Images, die sich in der Realität positiv auswirken, selbst wenn sie die Realität im Grunde verzerren.

Man weiß z. B., dass normale Menschen stark dazu neigen, das Ausmaß von Kontrolle, das sie im Alltag und in ihrem Leben haben, zu überschätzen; depressive Personen haben dagegen eine sehr viel realistischere Einschätzung. Es ist aber klar, dass die Erkenntnis, dass man als Person über seine Umwelt, über sein Leben, seine Mitmenschen etc. nur ein geringes Maß an Kontrolle hat, sich psychisch gar nicht gut auswirkt: Es demotiviert, macht einen hilflos, resignativ und bereitet den Weg zu einer Depression. Tatsächlich wirkt sich ein gewisses Ausmaß an *Illusion von Kontrolle* psychisch positiv aus: Man sollte glauben, dass man »seines Glückes Schmied« ist, denn nur dann nimmt man Herausforderungen an; man sollte glauben, dass man großen Einfluss auf Ehepartner hat (und diese nur einen geringen auf einen selbst), sonst lässt man sich u. U. gar nicht auf Beziehungen ein. Wenn man in ein Auto einsteigt, sollte man glauben, dass man auch heil wieder aussteigt – sonst würde man vielleicht gar nicht einsteigen.

Bestimmte Illusionen sind hilfreich und bestimmte Selbst-Images sind es auch: Zu glauben, dass man ein guter Liebhaber sei, hilft einem, mit Selbstvertrauen auf einen potenziellen Partner zuzugehen; zu glauben, man sei kompetent, hilft einem, sich bei einem Vorstellungsgespräch gut zu »verkaufen« etc.

Das Problem ist nur: Man weiß a priori nicht, ob sich ein bestimmtes Image positiv auswirkt, also ist es klug, sich einmal mit dieser Frage zu befassen: Wie gesagt, im Grunde spricht nichts gegen Selbsttäuschung, solange man sich selbst damit »nicht ins Knie schießt«.

Bedauerlicherweise kann aber genau das passieren: *Manche Illusionen sind in der Realität kostenintensiv.* Wenn ich denke, dass ich über ein solches Charisma verfüge, dass Laternenpfähle mir ausweichen, wenn ich entschlossen und schnell auf sie zugehe, kann mir das eine krankenschwesterliche Pflege einbringen – und massive Kopfschmerzen.

Wenn ich das Selbst-Image habe, ich sei großartig und kompetent, ohne es zu sein, kann ich mich u. U. massiv blamieren und mich um alle Chancen bringen.

Wenn ich das Selbst-Image habe, ich sei mächtig, und mich entsprechend großkotzig verhalte, dann kann mir das massive Ablehnung einbringen. Es ist relativ ungünstig, von sich selbst zu glauben, man könne fliegen – denn das könnte dann das Letzte sein, was man glaubt.

> Bei allen Vorteilen, die ein Selbst-Image intern haben kann, in der Realität kann es sich als massiv kostenintensiv auswirken; und damit kann es dann deutlich mehr Nachteile als Vorteile aufweisen.

Manche Selbsttäuschungen erzeugen Kosten

11.2 Interne Kosten der Selbsttäuschung

Selbsttäuschung kann aber nicht nur in der Realität Kosten erzeugen; sie erzeugt auch intrapsychische Kosten. Und bei massiver Selbsttäuschung besteht eine hohe Gefahr, dass die Kosten letztlich deutlich höher werden als die Gewinne.

Dauerkonflikt

Einen internen Kostenfaktor habe ich schon benannt: Da es – neben dem Glauben an das Selbst-Image – praktisch auch immer (mehr oder weniger) ausgeprägte Zweifel gibt, hat Selbsttäuschung fast immer zur Folge, dass die Person einen internen Dauerkonflikt erzeugt: Und solche Dauerkonflikte sind in aller Regel belastend. Sie führen zu inneren Spannungen, negativen Affekten, Unzufriedenheit; manchmal zu Grübeln, einem Gefühl von Unwohlsein; und die Person kann diese Zustände nicht beenden, da sie ja an dem Selbst-Image festhält, die Zweifel aber eher stärker werden.

Auf diese Weise erzeugen Dauerkonflikte Dauerbelastungen. Dies wird vor allem dann bedeutsam, wenn die Person, wie ausgeführt, ständig damit konfrontiert wird, dass das Selbst-Image nicht stimmen kann.

Ein Selbst-Image, das nicht der Realität entspricht, kann auch nicht (mühelos) aus der Realität abgeleitet werden; es muss vielmehr *erfunden*, konstruiert werden. Und dann gilt: Jede Konstruktion ist aufwendig; man muss sich alle Details »ausdenken«, man muss dafür sorgen, dass alle Details zusammenpassen und stimmig sind; man muss dafür sorgen, dass die Kollisionen mit der Realität nicht allzu sehr auffallen usw.

»Energieaufwand«

Dies alles ist kapazitätsaufwendig: Man braucht kognitive Kapazität, Gedächtniskapazität usw.; man muss auf alle Aspekte achten und »bewusst auf dem Schirm haben«; und das alles ist anstrengend. Trotz aller Anstrengungen werden immer Widersprüche »durchbrechen« oder Illusionen mit der Realität erkennbar werden, was auch immer wieder zu emotionalen Belastungen führt.

Wenn das Motivationssystem ein Selbst-Image gegen das Realitätssystem durchsetzen will, dann ist das auch anstrengend; es erfordert einen ständigen Energieaufwand und die Person kann ein Gefühl von Anspannung, von »ständiger Alarmbereitschaft« erleben, was ihre Entspannungsfähigkeit stark beeinträchtigen kann.

Image und Selbst-Image: Täuschung und Selbsttäuschung

Wie wir gesehen haben, dienen Images und Selbst-Images im Wesentlichen unterschiedlichen Zwecken: Der Zweck von Images ist im Wesentlichen *äußere Regulation*: Die Person will durch Images und Appelle Einfluss nehmen auf ihre Umwelt, sie will Interaktionspartner (IP) dazu bringen, etwas Bestimmtes für sie zu tun. Durch Selbst-Images will eine Person im Wesentlichen negative Affekte reduzieren, die zustande kommen, wenn die Person innere Standards hat, von denen sie glaubt, dass sie sie nicht erfüllen kann, oder wenn sie negative Selbst-Schemata aufweist, die sie nicht kompensieren kann.

Täuschung und Selbsttäuschung hängen eng zusammen

Trotz dieser unterschiedlichen psychischen Funktionen hängen Täuschung und Selbsttäuschung aber eng zusammen: Wenn eine Person durch Images und Appelle einen IP dazu bringt, etwas zu tun, dann wirkt dessen Handlung oft wie eine Bestätigung des Selbst-Images: Wenn ich einen IP z. B. durch ein »Mords-Molly-Spiel« (▶ Abschn. 5.2.1) dazu kriege, mich zu loben und zu bestätigen, dann bestätigt dies auch mein Selbst-Image, großartig und toll zu sein.

Und umgekehrt verleitet mich mein Selbst-Image, »großartig und toll zu sein«, auch dazu, mich als großartig und toll *darzustellen*. In vielen Aspekten gibt es damit tatsächlich eine enge Verbindung zwischen Image und Selbst-Image. Man darf aber Folgendes nicht vergessen:

- Images und Appelle dienen sehr vielen Zwecken und damit nur zum Teil der Bestätigung von Selbst-Images: Man kann durch Manipulation gepflegt werden wollen, sich unangenehme Aufgaben vom Halse halten, Aufmerksamkeit bekommen usw. usw.
- Personen können (deshalb) Images produzieren, die *gar nicht* ihren Selbst-Images entsprechen (z. B. beim »Blöd-Spiel«; ▶ Abschn. 5.6.1): Sie können sich, um interaktionelle Ziele zu erreichen, als etwas darstellen (z. B. als »blöd«), was aber ihrem Selbst-Image (»Ich bin großartig«) in gar keiner Weise entspricht.
- Personen können Selbst-Images aufweisen, die sie gar nicht als Image nach außen präsentieren: Eine Person kann sich selbst für »toll« halten, sich selbst aber als unscheinbar präsentieren, z. B. weil sie denkt, ein Image als »toll« käme nicht gut an o. Ä.
- Eine Person kann ein Image selber glauben (und sie kann dazu auch ein entsprechendes Selbst-Image nutzen); sie kann aber auch Images nutzen, die sie selber gar nicht glaubt: Sie kann z. B. Rückenschmerzen demonstrieren, in der vollen Absicht, andere die Arbeit machen zu lassen und genau wissen, dass sie sich im Grunde komplett wohlfühlt.

Das bedeutet, dass Täuschung und Selbsttäuschung zusammenhängen *können*, aber *nicht zusammenhängen müssen:* Man kann andere täuschen, ohne sich auch nur im Geringsten selbst zu täuschen; man kann sich selbst täuschen, ohne andere zu täuschen, und man kann so täuschen, dass man gleichzeitig sich selbst *und* andere täuscht.

Literatur

Bastick, T. (1982). *Intuition. How we think and act*. New York: Wiley.
Baumeister, R. F. (2009). The nature and structure of the self: An overview. In: R. F. Baumeister (Ed.), *The self in social psychology* (p. 1–20). New York: Psychology Press.
Berne, E. (1961). *Transactional analysis of psychotherapy*. New York: Ballantine Books.
Berne, E. (1970). *Spiele der Erwachsenen*. Hamburg: Rowohlt.
Dutton, K. (2012). *Psychopathen – Was man von Heiligen, Anwälten und Serienmördern lernen kann*. München: Deutscher Taschenbuch Verlag.
Enkelmann, N. B. (1999). *Rhetorik Klassik – Die Kunst zu überzeugen*. Offenbach: Gabal.
Epstein, S., Pacini, R., Denes-Raj, V. & Heier, H. (1996). Individual differences in intuitive experiential and analytical-rational thinking styles. *Journal of Personality and Social Psychology*, 71, 390–405.
Felbinger, D. (1998). *Moderne Rhetorik – Das Praxisbuch für die wirkungsvolle Rede*. Niedernhausen: Falken.
Förstl, H. (2007). *Theory of Mind – Neurobiologie und Psychologie sozialen Verhaltens*. Heidelberg: Springer.
Forgas, J.P. (1999). *Soziale Interaktion und Kommunikation*. Weinheim: Beltz PVU.
Herrmann, T. (1982). *Sprechen und Situation*. Berlin: Springer.
Higgins, E. T. (2009). Self-discrepancy: A theory relating self and affect. In R. F. Baumeister (Ed.), *The self in social psychology* (p. 150–175). New York: Psychology Press.
Hinsch, R. & Wittmann, S. (2003). *Soziale Kompetenz kann man lernen*. Weinheim: Beltz PVU.
Hollin, C. R. & Trower, P. (1986). *Handbook of social skills training*. New York: Pergamon.
James, W. (2009). The self. In R. F. Baumeister (Ed.), *The self in social psychology* (p. 69–77). New York: Psychology Press.
Kercher, J. (2001). *Nonverbale Kommunikation*. München: Grin.
Kuhl, J. (1983a). *Motivation, Konflikt und Handlungskontrolle*. Berlin: Springer.
Kuhl, J. (1983b). Emotion, Kognition und Motivation: I. Auf dem Wege zu einer systemtheoretischen Betrachtung der Emotionsgenese. *Sprache und Kognition*, 2 (1), 1–27.
Kuhl, J. (2001). *Motivation und Persönlichkeit: Interaktionen psychischer Systeme*. Göttingen: Hogrefe.
Leary, M. R., Tambor, E. S., Terdal, S. K. & Downs, D. L. (2009). Self-esteem as an interpersonal monitor: The sociometer hypothesis. In R. F. Baumeister (Ed.), *The self in social psychology* (p. 87–104). New York: Psychology Press.
Merkle, R. (2001). *So gewinnen Sie mehr Selbstvertrauen*. Mannheim: PAL.
Mummendey, H. D. (1995). *Psychologie der Selbstdarstellung*. Göttingen: Hogrefe.
Mummendey, H. D. (2000). *Psychologie der Selbstschädigung*. Göttingen: Hogrefe.
Mummendey, H. D. (2006). *Psychologie des »Selbst«. Theorien, Methoden und Ergebnisse der Selbstkonzeptforschung*. Göttingen: Hogrefe.
Pfingsten, U. (1984). *Soziale Durchsetzung*. München: Profil.
Pfingsten, U. (2007). Ein Erklärungsmodell sozialer Kompetenzen und Kompetenzprobleme. In: R. Hinsch & U. Pfingsten (Hrsg.), *Gruppentraining sozialer Kompetenzen (GSK)* (S. 12–72). Weinheim: Beltz PVU.
Püschel, O. & Sachse, R. (2009). Eine motivationstheoretische Fundierung Klärungsorientierter Psychotherapie. In R. Sachse, J. Fasbender, J. Breil & O. Püschel (Hrsg.), *Grundlagen und Konzepte Klärungsorientierter Psychotherapie* (S. 89–110). Göttingen: Hogrefe.
Roth, G. & Strüber, D. (2009). Neurobiologische Merkmale von Gewalttätern mit antisozialer Persönlichkeitsstörung und die Frage ihrer Schuldfähigkeit. In N. Saimeh (Hrsg.), *Motivation und Widerstand – Herausforderungen im Maßregelvollzug. Forensik 2009. 24. Eickelborner Fachtagung zu Fragen der Forensischen Psychiatrie* (S. 24–38). Lippstadt: LWL-Zentrum.

Literatur

Sachse, R. (1993). Empathie. In A. Schorr (Hrsg.), *Handwörterbuch der Angewandten Psychologie* (S. 170–173). Bonn: Deutscher Psychologen-Verlag.
Sachse, R. (1995a). *Der psychosomatische Klient in der Praxis: Grundlagen einer effektiven Therapie mit »schwierigen« Klienten*. Stuttgart: Kohlhammer.
Sachse, R. (1995b). Psychosomatische Störungen als Beeinträchtigung der Selbstregulation. In: S. Schmidtchen, G.-W. Speierer, H. Linster (Hrsg.), *Die Entwicklung der Person und ihre Störung, Bd. 2* (S. 83–116). Köln: GwG.
Sachse, R. (1997). *Persönlichkeitsstörungen: Psychotherapie dysfunktionaler Interaktionsstile*. Göttingen: Hogrefe.
Sachse, R. (1999). *Persönlichkeitsstörungen. Psychotherapie dysfunktionaler Interaktionsstile* (2. Aufl.) Göttingen: Hogrefe.
Sachse, R. (2000). Der Einfluss von Persönlichkeitsstörungen auf den Therapieprozess. In E. Parfy, H. Rethenbacher, R. Sigmund, R. Schoberger & C. Butschek (Hrsg.), *Bindung und Interaktion. Dimensionen der professionellen Beziehungsgestaltung* (S. 85–111). Wien: Facultas.
Sachse, R. (2001a). *Psychologische Psychotherapie der Persönlichkeitsstörungen*. Göttingen: Hogrefe.
Sachse, R. (2001b). Persönlichkeitsstörung als Interaktionsstörung: Der Beitrag der Gesprächspsychotherapie zur Modellbildung und Intervention. *Psychotherapie*, 5 (2), 282–292.
Sachse, R. (2002). *Histrionische und narzisstische Persönlichkeitsstörungen*. Göttingen: Hogrefe.
Sachse, R. (2003a). *Schwarz ärgern – aber richtig. Paradoxe Ratschläge für Psychosomatiker*. Stuttgart: Klett-Cotta.
Sachse, R. (2003b). *Klärungsorientierte Psychotherapie*. Göttingen: Hogrefe.
Sachse, R. (2004a). Histrionische und narzisstische Persönlichkeitsstörungen. In R. Merod (Hrsg.), *Behandlung von Persönlichkeitsstörungen* (S. 357–404). Tübingen: DGVT-Verlag.
Sachse, R. (2004b). *Persönlichkeitsstörungen. Leitfaden für eine Psychologische Psychotherapie*. Göttingen: Hogrefe.
Sachse, R. (2004c). *Selbstverliebt – aber richtig*. Stuttgart: Klett-Cotta.
Sachse, R. (2004d). Schwierige Interaktionssituationen im Psychotherapieprozess. In W. Lutz, J. Kosfelder & J. Joormann (Hrsg.), *Misserfolge und Abbrüche in der Psychotherapie* (S. 123–144). Bern: Huber.
Sachse, R. (2005). Was wirkt in der Behandlung von Persönlichkeitsstörungen? In N. Saimeh (Hrsg.), *Was wirkt? Prävention – Behandlung – Rehabilitation* (S. 222–229). Bonn: Psychiatrie-Verlag.
Sachse, R. (2006a). *Persönlichkeitsstörungen verstehen – Zum Umgang mit schwierigen Klienten*. Bonn: Psychiatrie-Verlag.
Sachse, R. (2006b). Narzisstische Persönlichkeitsstörungen. *Psychotherapie*, 11 (2), 241–246.
Sachse, R. (2006c). *Psychologische Psychotherapie bei chronisch entzündlichen Darmerkrankungen*. Göttingen: Hogrefe.
Sachse, R. (2007a). Therapie der narzisstischen und histrionischen Persönlichkeitsstörungen: Zwei Fallberichte. In S. Barnow (Hrsg.), *Persönlichkeitsstörungen: Ursachen und Behandlungen* (S. 404–410). Bern: Huber.
Sachse, R. (2007b). *Wie manipuliere ich meinen Partner – aber richtig*. Stuttgart: Klett-Cotta.
Sachse, R. (2008). Histrionische und narzisstische Persönlichkeitsstörung. In M. Hermer & B. Röhrle (Hrsg.), *Handbuch der therapeutischen Beziehung, Bd. 2* (S. 1105–1125). Tübingen: DGVT-Verlag.
Sachse, R. (2009). *Wie ruiniere ich mein Leben – und zwar systematisch*. Stuttgart: Klett-Cotta.
Sachse, R. (2013). *Persönlichkeitsstörungen: Leitfaden für eine psychologische Psychotherapie* (2. Aufl.). Göttingen: Hogrefe.
Sachse, R. & Fasbender, J. (2013). Interaktionsschwierigkeiten im Therapieprozess bei Klienten mit narzisstischer und histrionischer Persönlichkeitsstörung. In H. W. Hofert & U. Härter (Hrsg.), *Schwierige Patienten* (S. 203–214). Bern: Huber

Sachse, R. & Sachse, C. (2006). Wie ruiniere ich meine Beziehung – aber endgültig? (2. Aufl.). Stuttgart: Klett-Cotta.

Sachse, R., Püschel, O., Fasbender, J. & Breil, J. (2008). Klärungsorientierte Schema-Bearbeitung – Dysfunktionale Schemata effektiv verändern. Göttingen: Hogrefe.

Sachse, R., Breil, J. & Fasbender, J. (2009). Beziehungsmotive und Schemata: Eine Heuristik. In R. Sachse, J. Fasbender, J. Breil & O. Püschel (Hrsg.), *Grundlagen und Konzepte Klärungsorientierter Psychotherapie* (S. 66–88). Göttingen: Hogrefe.

Sachse, R., Sachse, M. & Fasbender, J. (2010). Klärungsorientierte Psychotherapie von Persönlichkeitsstörungen. Göttingen: Hogrefe.

Sachse, R., Sachse, M. & Fasbender, J. (2011). Klärungsorientierte Psychotherapie der narzisstischen Persönlichkeitsstörung. Göttingen: Hogrefe.

Sachse, R., Fasbender, J., Breil, J. & Sachse, M. (2012). Klärungsorientierte Psychotherapie der histrionischen Persönlichkeitsstörung. Göttingen: Hogrefe.

Sachse, R., Breil, J. & Fasbender, J. (2013a). *Klärungsorientierte Paartherapie*. Göttingen: Hogrefe.

Sachse, R., Breil, J., Sachse, M. & Fasbender, J. (2013b). *Klärungsorientierte Psychotherapie der dependenten Persönlichkeitsstörung*. Göttingen: Hogrefe.

Sachse, R., Sachse, M. & Fasbender, J. (2014). *Klärungsorientierte Psychotherapie der selbstunsicheren Persönlichkeitsstörung*. Göttingen: Hogrefe.

Scheffer, D. (2009). Implizite und explizite Motive. In V. Brandstätter & J.H. Otto (Hrsg.), *Handbuch der allgemeinen Psychologie – Motivation und Emotion* (S. 29–36). Göttingen: Hogrefe.

Schulz von Thun, F. (2000). *Miteinander reden – Störungen und Klärungen: Allgemeine Psychologie der Kommunikation*. Eltville: Bechtermünz.

Tedeschi, J. T. & Norman, N. (1985). Social power, self-presentation, and the self. In B. R. Schlenker (Ed.), *The self and social life* (p. 293–322). New York: McGraw-Hill.

Tedeschi, J. T. & Riess, M. (1981). Identities, the phenomenal self, and laboratory research. In J. T. Tedeschi (Ed.), *Impression management theory and social psychological research* (p. 3–22). New York: Academic Press.

Tedeschi, J. T., Schlenker, B. R. & Bonoma, T. V. (1973). *Conflict, power and games: The experimental study of interpersonal relations*. Chicago: Aldine.

Tedeschi, J. T., Lindskold, S. & Rosenfeld, P. (1985). *Introduction to social psychology*. St. Paul, MN: West Publishing Company.

Thies, J.H. (2008). *Die Bedeutung nonverbaler Kommunikation für den Menschen*. München: Grin.

Trivers, R. (2013). *Betrug und Selbstbetrug*. Berlin: Ullstein

Vollmer, G. (1975). *Evolutionäre Erkenntnistheorie*. Leipzig: S. Hirzel Verlag.

Vollmer, G. (1993). *Wissenschaftstheorie im Einsatz*. Stuttgart: S. Hirzel Verlag.

Vollmer, G. (2003). *Wieso können wir die Welt erkennen*? Leipzig: S. Hirzel Verlag.

Stichwortverzeichnis

Stichwortverzeichnis

A

Absicht
- \falsche\ 11
- tarnen 11

Affekte
- negative 6, 89
- positive 5

aggressives Verhalten 49
Analyse von Image und Appell 73
Angst vor Konflikt 68
Appell 3
- Definition 24
- Leitfragen 74
- und Image 27, 72

Armes-Schwein-Spiel 43
Attraktivitätsspiel 39
aufopferndes Verhalten 51
Autonomiemotiv 59

B

Beziehungsabbruch 83
Beziehungsbotschaft 29
Beziehungskredit 80
Bild von sich selbst 3
Biografie fälschen 98
Blöd-Spiel 61
Botschaft, intransparente 9

D

Distanz-Spiel 60
Double-bind-Falle 45

E

elaboriertes Selbst-Image 98
Entscheidungen abgeben 63
Erpresser-Strategie 83
erwartungsorientiertes
 Verhalten 68
Exkulpierung 48

F

Fakten 2, 5, 87, 92, 93

H

Handeln
- transparentes 9

Helfer-Syndrom 44, 63, 68

I

ich-bezogene Regeln 56
Ideal-Selbst 5, 87
Illusion von Kontrolle 103
Image 6
- Definition 24
- Leitfragen 74
- und Appell 27, 72

implizite Telepathieannahme 55
Impression-Management-Theorie 16
Informationskontrolle 71
Informationsverarbeitung
- intuitive 70
- intuitiv-holistische 73

innere Konsistenz 5
innere Stimmigkeit 90
innerer Konflikt 95
innerer Standard 87
intentionale Schädigung 49
interaktionelle Kosten 19
interaktionelle Krise 57
- Strategie zur Bewältigung 81

Interaktionspartner 3
- als Marionette 63

Interaktionsspiel
- Armes Schwein 43
- Attraktivität 40
- Blöd-Spiel 61, 106
- Definition 38
- Distanz halten 60
- Dornröschen 59
- Entscheidungen abgeben 63
- Heroisches armes Schwein 46
- Immer ich 51
- Märtyrer 51
- Mobbing 53
- Mords-Molly 39, 106
- Moses 57
- Opfer der Umstände oder anderer Personen 47
- Regel-Setzer 54
- Sabotage-Strategie 50
- Sexy sein 41
- Transparenz herstellen 79
- Unterhaltsam sein 42

intransparente Botschaft 9
intransparentes Verhalten 12
intuitive Informationsverarbeitung 70
intuitiv-holistische Informationsverarbeitung 73

J

Ja-aber-Strategie 82

K

Kommunikationskanal 28
Kompensation 89
Kompetenz, soziale 31
komplemanipulative Strategie 38
Konflikt 104
- Angst vor 68
- innerer 95

konfrontative Strategie 80
Kontrolle 4, 71
- Illusion von 102

Kosten, interaktionelle 19
Krise, interaktionelle 57
- Bewältigung 81

M

Magen-Darm-Beschwerden 68
man-bezogene Regeln 56
Manipulation
- Abgrenzung 66
- als \normales\ Handeln 16
- Analyse 66
- Anfälligkeit für 67
- Definition 13
- erfolgreiche 34
- Gegenstrategie 80
- Nachteile 20
- negative 13
- positive 13
- Vermeidung von 78
- Vorteile 17

manipulative Strategie 32
- Auswirkung 33
- enttarnen 78
- komplexe 38
- rekonstruieren 72
- Widersprüche 104

manipulatives Verhalten
- Widersprüche 71

Mobbing 53, 84

Stichwortverzeichnis

Motivationssystem 104
- Glaube an Selbst-Image 91
Motivsystem 33

N

negative Affekte 104
- reduzieren 6, 89
negative Manipulation 13
negatives Selbst-Schema 88
Norm 5, 68, 88
Normsystem 33

O

Opfer-Spiel 47, 84

P

positive Affekte 5
positive Manipulation 13
Prophezeiung, selbsterfüllende 49
Psychosomatik 68

R

Realitätsmodell 3
Realitätssystem
- Zweifel 93, 94
Realitätsverzerrung 93
Real-Selbst 5
Regel-Setzer-Spiel 54
Regel-Setzer-Verhalten 57, 78
Rückenschmerzen 30, 81

S

Sabotage-Strategie 50
Schicksal 49
Selbstbewusstsein 67
Selbst-Effizienz-Erwartung 18
selbsterfüllende Prophezeiung 49
selbstgerechtes Verhalten 58
Selbst-Image 5, 6
- Elaboration 98
- Glaube an 91
- illusionäres 89, 103
- komplexes 98
- Überzeugung 92

- und Glaubensstärke 92
- und Selbsttäuschung 86
Selbst-Schema 18
- negatives 88
Selbsttäuschung 5, 87, 95
- als \normales\ Phänomen 90
- interne Regulation 90
- intrapsychische Kosten 104
- Konsequenzen in der Realität 102
- und Selbst-Image 86
Selbstwert 91
soziale Kompetenz 31
Stimmigkeit, innere 5
Störgefühl 67, 70
Strategie \Trojanisches Pferd\ 83
Strategie, konfrontative 80
Strategie, manipulative 32
- Auswirkung 33
- enttarnen 78
- komplexe 38

T

Täuschung 2, 106
Telepathieannahme, implizite 55
transparentes Handeln 9
Trojanisches-Pferd-Strategie 83

U

unechtes Verhalten 70

V

Verarbeitungskompetenz 31
Verhalten
- aggressives 49, 55
- aufopferndes 51
- erwartungsorientiertes 68
- intransparentes 12
- selbstgerechtes 58
- unechtes 70

Z

Zweifel 93, 94

springer.com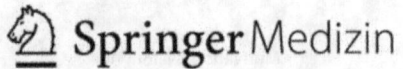

2014. Etwa 180 S.
15 Abb. Brosch.
€ (D) 19,99 | € (A) 20,55 | sFr 25,00
ISBN 978-3-642-40930-1

Das Erfolgsprogramm: Selbsthilfe zum Nichtrauchen

- Gesundheitstrend: Rauchen ist out - handeln Sie jetzt
- Selbsthilfe: Erfahrungen aus über 10.000 Beratungsgesprächen
- Erfolgreich: 1.000 glückliche Nichtraucher
- Experten: Seit über 15 Jahren Veranstalter von Raucherberatungsprogrammen

Jetzt bestellen!

springer.com

2014. XI, 149 S.
32 Abb. Brosch.
€ (D) 19,99
€ (A) 20,55 | sFr 25,00
ISBN 978-3-642-35349-9

Wozu man Emotionen braucht und wie man sie reguliert

- Selbsthilfe: Ein 8-Wochen-Programm zur Emotionsregulation
- Fachmann: Schreibt mit anschaulichen Beispielen, Selbsttests plus Auswertungen, und nachweislich hilfreichen Strategien
- Verständlich: Treten Sie Ihre eigene Reise zum „Gefühlsexperten" an

Jetzt bestellen!

springer.com

Springer Medizin

5., überarb. Aufl. 2014.
X, 292 S. 8 Abb. Geb.
€ (D) 29,99
€ (A) 30,83 | sFr 37,50
ISBN 978-3-642-36254-5

Theorie der inneren Erschöpfung –
Zahlreiche Fallbeispiele –
Hilfen zur Selbsthilfe

- Umfassende Theorie des Syndroms von dem Experten für das Thema Burnout
- Zahlreiche Fallbeispiele
- Für Fachleute und Betroffene: Was kann man gegen das Ausbrennen tun?
- 5. Auflage aktualisiert und erweitert

Jetzt bestellen!

springer.com

2., überarb. Aufl. 2014.
X, 183 S. 10 Abb.
Buch mit Extras im Web.
Brosch.
€ (D) 19,99
€ (A) 20,55 | sFr 25,00
ISBN 978-3-642-36234-7

Wirksame Selbsthilfe - Anleitungen Schritt für Schritt - Fallbeispiele und konkrete Tipps

- Selbsthilfe für Betroffene mit Depressionen und Ängsten
- Als Vorbereitung oder Begleitbuch für eine Psychotherapie geeignet
- Mit Fallbeispielen, Kontaktadressen und konkreten Tipps
- Mit Hörbuch zum Download

Jetzt bestellen!

springer.com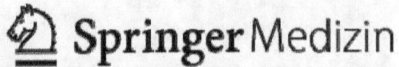

14. A. 2013. Etwa 175 S.
Brosch.
€ (D) 19,99
€ (A) 20,55 | *sFr 25,00
978-3-642-35351-2

Der Klassiker für Betroffene.

- Selbsthilfe funktioniert: Bei Zwangsstörungen ist Verhaltenstherapie in Eigenregie nachweislich hilfreich
- Ausgewiesene Fachleute: Die Autoren bringen ihre Erfahrung als Therapeuten und Supervisoren verständlich auf den Punkt

Jetzt bestellen!

springer.com

5., korr. Aufl. 2014.
Etwa 220 S. 29 Abb. in
Farbe. Brosch.
€ (D) 19,99
€ (A) 20,55 | sFr 25,00
ISBN 978-3-642-41676-7

Das Stresskompetenz-Buch: Stress erkennen, verstehen, bewältigen

- Äußere und innere Stressoren und die Stressreaktion: 3 Ansatzpunkte für das Stressmanagement
- Alltagstaugliche Tipps: Stress erkennen, verstehen, bewältigen
- Mit Fragebögen, Anleitungen zur Selbstbeobachtung und Checklisten
- Anerkannt: Von den Krankenkassen anerkannte Präventionsleistung

Jetzt bestellen!

springer.com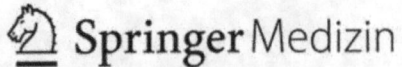

6., vollst. überarb. Aufl.
2013. XII, 198 S.
9 Abb. Brosch.
€ (D) 19,95
€ (A) 20,51 | sFr 25,00
ISBN 978-3-642-28623-0

Umgang mit Leistungsdruck – Belastungen im Beruf meistern

- Verständlich: Leicht nachvollziehbare Strategien für den Umgang mit Stress, Mobbing und Burn-out
- Guter Transfer: Tagesprotokolle, Übungen, Arbeitsblätter
- Neu: Arbeitsrechtliche Aspekte bei Mobbing

Jetzt bestellen!

GPSR Compliance

The European Union's (EU) General Product Safety Regulation (GPSR) is a set of rules that requires consumer products to be safe and our obligations to ensure this.

If you have any concerns about our products, you can contact us on

ProductSafety@springernature.com

In case Publisher is established outside the EU, the EU authorized representative is:

Springer Nature Customer Service Center GmbH
Europaplatz 3
69115 Heidelberg, Germany